성장의 N가지 조건

성장의 N가지 조건

김기범 지음

이음과펼침

프롤로그

때로는 지나쳐야 보이는 것이 있다. 그 당시에는 미래에 어떤 변화를 가져올 것이라 생각하지 않은 채 골랐을 뿐인데, 막상 돌아보니 그 사건이 삶을 송두리째 바꾼 분기점이 되기도 한다. 내게는 길었던 수험 생활이 내 인생의 분기점이 되었다.

처음에는 그저 공부하면 미래의 불확실성이 없어질 거라 생각하고 시작했지만, 3년의 시간이 흐르고 나는 전혀 다른 사람이 되었다.

그러나 한편으로는 그 기간 속에도 일종의 분기점 역할을 하는 다양한 선택들이 있었다. 여러 가능한 선택지 중 하나를 고르고 그에 따라 보낸 시간은, 당시에 내가 의도했든 의도하지 않았든 내 사수 경험을 조금씩 바꿨다.

때로는 내 의지에 따라 선택했고, 때로는 원하지 않던 선택을 상황에 의해 억지로 선택하기도 했다. 그리고 내가 전혀 예상하지 못한 방향으로 일이 흘러간 적도 있었고, 의도한 대로 됐으나 생각치 못한 문제로 난관에 봉착하기도 했다. 하지만 분명한 것은 그 모든 과정이 하나라도 없었다면 지금의 나는 존재하지 않을 것이라는 사실이다.

그래서 나는 그런 선택과 그에 따른 경험들 중, 성장을 꿈꾸는 사람이라면 누구나 마주할 수 있으면서도 중요한 분기점이 되었던 것들을 정리해서 이 책을 쓴다.

이 책을 처음 쓰려고 마음먹었을 때부터 내가 목표한 바는 단 하나, 이전의 모습을 벗어나서 성장한 자기 자신으로 변화하는 사람들을 도울 수 있는 글을 쓰자는 것이었다.

즉 나라는 사람의 사례를 통해 누구든지 마음먹으면 도전의 결과를 떠나서 충분히 변화하고 성장할 수 있음을 보여주고 싶었다.

19살까지 게임에 중독된 채로 살아 주위 친구들에게조차 공부로 잔소리 듣던 입장에서, 어떻게 생활을 바꾸고 공부해서 경희대에 합격했는지 그 과정을 담았다.

책에 내 이야기를 담는 과정에서 수험생 시절에 쓴 다이어리를 하나하나 다 읽어보면서 당시 내 기분, 생각, 계획, 의도 등을 최대한 꼼꼼하게 파악하고 이를 그대로 보여주고자 했다.

그래서 내 수험 생활 이야기 속에서 나는 이상적인 수험생이 아니다. 오히려 온갖 이유로 성공과 실패를 경험하고, 그 과정에서 행복해하기도 좌절하기도 한다.

그러나 한편으로는 스스로의 이야기를 책에 담기까지 상당히 많이 고민했다. 내 이야기를 보고 보잘것없다고 무시하는 것은 괜찮지만, 혹시 나의 이야기마저도 '변화는 결국 선천적인 재능이 있어야 한다'는 편견을 강화하게 되는 것은 아닌가 하는 점이 걱정이었다. 변화했다는 것 자체가 무언가 특별한 게 있다는 방증으로 해석되는 일이 벌어지지 않을까 싶었다.

그래서 본격적으로 내 이야기를 시작하기 전 꼭 말하고 싶다. 만약 내가 어릴 때부터 남들과는 다른 비범한 자질이 조금이라도 있었다면, 하버드에 갔다고 해도 이런 책을 쓸 생각조차 안 했을 것이다.

솔직하게 말해 나는 늘 평균을 웃돌았다. 완전히 밑바닥을 찍지 않았지만 그렇다고 위로 올라갈 의지가 있는 것도 아니었다. 그저 모든 순간에 적당히, 이만하면 됐다 싶은 수준으로 살았고 미래를 그려본 적도 없었다.

그렇기 때문에 지극히 평범했던 내가 변해가는 과정은 흔히 들 듣게 되는 성공담보다 상당히 현실적이었고 때로는 냉정했다. 그러니 이 책을 어떤 이유로 보게 되었든 '아는 친구가 푸는 이야기' 정도로 생각하고 읽어주기 바란다.

편견 없이, 가볍게 읽으면 충분하다. 그러다 문득 머릿속에 아이디어가 떠오르거나, 작은 동기가 생겼다면, 이 책의 효용은 다한 셈이다.

목차

[과거 / ~2019]

과거의 나, 그리고 게임

형과 동생은 조용한 편이었지만, 삼 형제 중 둘째였던 나는 정반대로 어렸을 때부터 말 많고 활발한 성격이었다. 시간이 날 때면 언제나 집 밖으로 나가 노는 것을 좋아했고, 특히 몸을 쓰는 활동을 좋아했다. 당시 가만히 앉아 무언가를 했다면 형제들과 함께 그림을 그리거나 레고를 갖고 노는 게 다였다.

그리고 밖에 나가면 보통은 친구들 무리가 먼저 놀고 있었기에, 나는 친구들과 함께 어울리는 것도 좋아하는 편이었다. 주로 축구, 농구 같은 운동을 즐기거나 놀이터, 공터, 지하 주차장을 휘젓고 다니며 놀았다.

그러다 보니 나는 각자 친구 따라 놀러 온 비슷한 또래 애들과 무작위로 섞여서 시간을 보내는 일이 많았다. 그래서 당시에는 처음 보는 아이들에게 먼저 다가가고 말을 거는 게 어렵지 않았고, 활발한 성격 덕분에 그렇게 만난 다양한 아이들과 금세 친구가 되어 함께 어울리곤 했다.

그렇게 내 어린 시절은 친구들과 함께 정신없이 놀면서 지나갔다. 그리고 나는 자연스럽게 집밖에서 점점 더 많은 시간을 보내게 되었다. 집에서 바닥에 누워 뒹굴거릴 바에는 근처 어디든 나가서 노는 게 훨씬 재미있었다.

부모님께서 맞벌이하셔서 놀러 나가기가 어렵지 않다는 점도 한몫했다. 그나마 아주 어렸을 때는 함께 지내시던 조부모님께서 내가 늦기 전에 돌아오게끔 관리해 주셨지만, 초등학교 4학년 이후로는 조부모님과 떨어져 지내게 되어 점점 늦게까지 밖에서 시간을 보냈다.

다행히 활발하긴 해도 은근히 겁이 많은 성격이라 늦게 돌아다니면서 큰 일탈행위는 하지 않았지만, 그때부터 학교에서 만난 친구들과 피시방을 들락거리기 시작했던 게 문제였다.

예나 지금이나 피시방은 어린이에게 너무나 매력적인 장소였다. 실내라서 날씨도 상관없고, 적은 돈으로도 몇 시간씩 게임을 마음껏 할 수 있는 데다, 밤 10시까지는 너무 시끄럽지만 않으면 아무도 건드리지 않았으니 말이다.

그래서 나를 포함한 동네 대부분의 남자애들은 해가 갈수록 더 자주 피시방에서 게임하며 놀았다. 나중에는 어차피 언제 가도 친구들이 있으니까 별다른 약속이 없어도 심심할 때마다 피시방에 갔다. 그리고 바로 이 시기가 내가 본격적으로 게임에 중독되는 순간이었다.

사실 게임을 처음 마주한 건 초등학교 1학년 무렵이었다. 세 살 많은 친형이 게임을 워낙 좋아해서 조금 일찍 접한 편이었다. 그래도 처음에는 주위 친구들이 게임을 잘 안 하기도 했고, 나 역시 나가서 뛰어노는 것을 더 좋아했다.

더욱이 그때는 친형이 게임에 대한 선택권을 꽉 쥐고 있어서, 게임을 하게 되더라도 마음대로 할 수가 없었다(솔직히 부당한 처사에 거세게 반항해봤지만, 그 당시 세 살 위의 형은 존재 자체가 곧 법이었다…). 그래서 나는 친형 옆에서 굳이 감질나게 게임하는 대신, 친구들과 밖에서 노는 것을 선택했다.

하지만 피시방을 다니면서 수많은 게임들을 접하기 시작하자 이야기가 달라졌다. 일찍부터 친형을 통해 알게 된 게임들이 많았던 내게 피시방은 그야말로 천국이었다.

나는 그곳에서 굶주린 사람이 음식을 본 듯 온갖 게임들을 게걸스럽게 즐겼고, 이는 모두 일상에서는 느낄 수 없는 자극적인 경험으로 다가왔다. 게다가 초등학교 고학년쯤 그동안 관심 없어 했던 친구들까지 슬슬 피시방을 다니기 시작하면서, 친구들과 함께 할 때조차 게임에 푹 빠져 살았다.

친구들과 함께하는 게임은 또 다른 매력이 있었다. 나와 친구들은 다 같이 피시방에 가서 한 자리씩 차지하고 앉은 채, 몇 시간이고 웃고 떠들면서 게임을 즐겼다.

게다가 일찍 시작한 덕에 게임 실력이 괜찮았던 내게 몇몇 친구들이 게임을 가르쳐달라고 부탁하기 시작했다. 개중에는 내가 게임을 가르쳐 주면, 보답으로 먹을 걸 사주거나 피시방비를 내주는 친구들도 있었다. 그냥 친구들과 즐기기만 해도 재미있었는데, 주위 친구들이 그런 식으로 기까지 하니 더 신나서 게임을 즐겼다. 당연하게도 그렇게 게임하는 시간이 길어지자 나는 게임에 더 깊이 빠져들었다. 이제는 집에 있으나 학교에 있으나 머릿속에는 온통 게임만 가득했다. 매일 머릿속으로 각종 게임 플레이를 상상했고, 시간이 생겼다 싶으면 쏜살같이 피시방으로 향했다.

그러자 어느새 그전에는 그렇게 좋아했던 야외 활동들도 하나같이 시시하다고 느꼈다. 그리고 가끔 친구들이 밖에서 놀자고 하면 옆에서 은근히 반대하며 피시방이나 가자고 꼬시는 쪽이 되었다.

그러면서 내 일상은 점점 게임과 하나가 되어갔다. 학교 다니는 걸 제외하면 주중이든 주말이든 친구 집이나 피시방에서 친구들과 게임하거나, 집에서 부모님께서 일하러 나가신 동안 형, 동생과 몰래 컴퓨터로 게임했다. 그렇게 온 정신이 게임에 팔리다 보니 자연스럽게 게임 밖의 현실에는 무관심해졌다.

그래도 어렸을 때 나름 머리가 좋다거나 똑똑하다는 말을 종종 들었던 나였지만, 그쯤부터 성적도 수직으로 하락하기 시작했다. 게임에 빠지기 전에는 수학경시대회 같은 제법 큰 시험에서 종종 입상하곤 했는데, 어느덧 내 시험 점수는 50점 근처에서(심하면 10점대에서) 맴돌았다.

나이가 들수록 상황은 더 심각해졌다. 선행과목을 공부하지 않았기에 학년이 올라갈수록 공부하는 것 자체가 어려웠다. 중학교 2학년 때는 평균 30점 정도를 맞고 전교 하위권에 들었다(반에서는 뒤에서 2등이었던 걸로 기억한다).

그나마 중학교 3학년 때 열정적이셨던 담임선생님의 지도 편달 하에 성적을 평균 50~60점 정도까지 올렸지만, 그나마도 꾸준히 공부하지 않아서 고등학교 진학과 함께 다시 원점으로 회귀했다.

그래도 사람 복은 있었는지 고등학교에서도 좋은 친구들과 선생님들의 도움으로 공부를 완전히 포기하는 일은 없었다. 하지만 끈기가 없었던 탓에 고등학교에서도 성적은 늘 지지부진했고, 나는 그 속에서 공부와 관련된 흥미나 동기를 빠르게 잃어갔다.

그래서 고등학생 때에는 겉으로는 열심히 수업을 듣는 것처럼 행동했지만, 속으로는 대개 오늘 할 게임을 고민하거나 멍하게 있으면서 시간을 보냈다.

문제는 그런 식으로 어중간하게 행동했으면서, 시간이 지날수록 반성은커녕 타고난 능력 탓만 하고 다녔다는 것이다. 차라리 뭐가 됐던 제대로 노력해서 결과를 받았다면 그에 따라 공부가 아니더라도 확실하게 길을 정할 수 있을 터였다.

공부하기는 싫은데 그렇다고 다른 길을 선택할 배짱이 있는 것도 아니니까, 자꾸 애매하게 공부해 놓고 낮은 점수를 보며 '그냥 재능이 없다'는 식으로 결론을 내려버렸다. 그리고 현실을 개선하고자 하는 대신 그저 성적이 좋은 친구들을 보며 자기 자신을 한심하게 바라볼 뿐이었다.

무엇 하나 제대로 이룬 것도 없고, 배짱이나 자존감도 없는 상태에서 가장 쉬운 선택은 '탓하기'였다. 나는 스스로의 어중간한 모습의 이유를 어려운 가정 형편에서 찾았다. 다른 친구들처럼 넓고 쾌적한 집에 살면서 학원이나 과외로 공부하지 못해서 내가 이런 모습이라는 논리였다.

하지만 이는 진실과 거짓을 교묘히 섞은, 전형적인 자기기만

이었다. 당시 우리 집의 형편이 어려운 것은 사실이었다. 부모님께서 직종을 변경하시느라 수입이 크게 줄어서 중학생 시절부터 다섯 가족이 원룸에서 살았고, 나중에는 그마저도 어려워서 부모님 식당에서 살아야 했다.

당시 우리 가족은 영업이 끝나면 홀 식탁을 한쪽으로 밀어두고 돗자리를 편 뒤 그 위에서 생활했다(솔직히 추워지면 한기 때문에, 더워지면 음식물 냄새와 벌레 때문에 살기 매우 힘들었던 건 맞았다). 당연히 다른 친구들처럼 비싼 학원이나 과외를 받는 건 불가능했고, 오히려 가게에 있으면 가게 일을 도와야 했다.

그러나 나는 결코 방치되어 있지 않았다. 오히려 부모님의 최우선 사항은 늘 삼 형제의 학업이었다. 부모님께서는 맞벌이하시느라 바쁘신 와중에도 가능한 모든 방법을 써서 나를 바꿔보려고 하셨다.

하루 종일 게임만 붙잡고 있는 나를 타일러도 보시고, 매도 들어 보시고, 각종 전자기기를 숨기거나 없애도 보셨다. 심지어 가게에서 지내면 공부하기 힘들다는 이유로 인맥을 총동원하셔서, 빠듯한 살림이지만 나를 기숙사처럼 지낼 수 있는 공부방에도 보내 주셨다.

그리고 그 모든 도움의 손길을 거부한 사람은 다름 아닌 나였다. 나는 부모님의 손길을 억압과 통제라고 여기며 도망쳤고, 공부방에 가서도 관리해주시는 선생님들께 상습적으로 거짓

말하며 피시방을 다니다가 중간에 퇴소 조치를 당했다. 그런데 내가 이렇게 된 게 모두 환경 탓이라니, 사실상 손바닥으로 하늘을 가리고 있는 셈이었다.

당연히 그런 과정을 거친 결과, 나는 대학 진학이 어려운 상태로 고등학교를 졸업했다(일반고 문과 기준 4~5등급). 물론 수능 점수로도 내 상황을 바꾸기는 어려웠다. 그리고 더도 말고 덜도 말고 이게 딱 19살까지의 내 모습이었다. 나는 게임에 중독된 것을 알고 있었지만 그것을 마주하거나 벗어날 용기는 없었다.

그저 그런 모습을 못나게 바라보거나 여러 핑계를 대며 합리화할 뿐이었다. 그 속에서 나는 점차 스스로를 어중간한 실패자로 여겼다.

그러고는 어차피 해도 안 된다는 이유로 지금 당장 해야 할 일은 미뤄둔 채 또다시 게임을 켰다. 시간도 약이 되지 못했다. 나는 갈수록 경각심마저 무뎌져 갔고, 활기차야 할 십 대에 그렇게 닳아가고 있었다.

나와 마주한 순간

수능이 끝난 직후 나는 여유롭게 마지막 학기를 보내고 있었다. 고등학생에게 수능이 끝났다는 사실은 인생의 반 이상을 차지했던 학창 시절의 완전한 끝을 의미했다.

그동안은 늘 사회가 지정한 시간표에 맞춰 내 의지와 무관하게 살아왔는데, 수능이 끝남과 동시에 그 시간표 자체가 사라져 버린 것이었다. 마치 8살 이후로 늘 달고 있던 족쇄를 벗어던진 것처럼 후련했다.

게다가 지원 대학을 알아보느라 바쁜 친구들과 달리, 나는 그 시기에 특별히 할 일도 없었다. 내신과 수능 성적이 모두 낮은 데다가 애초에 대학을 가야 한다는 부담도 없었기에, 어디에 지원할지 신경 써서 알아볼 필요가 없었기 때문이다.

그렇다고 학교에서 다른 무언가를 따로 시키지도 않았다. 그저 자습과 영화 시간의 반복 속에서 잘 사람은 잤고, 놀 사람은 놀았다. 그래서 나는 집에서든 학교에서든 자거나 뒹굴거리고, 그러다 지루해지면 친구 집이나 피시방에 가서 게임하며 하루하루를 보냈다.

그때 유일하게 고민하던 게 있었다면 집에서 벗어날 수 있는 구체적인 계획이었다. 이제 성인도 됐겠다, 나는 자취해서 부모님의 영향력 아래에서 벗어나고자 했다. 한 번쯤은 오로지 내 마음대로 살아보겠다는 심산이었다.

하지만 부모님의 성격상 무턱대고 독립했다가는 분명 지원이 없을 터였고, 그러면 생활비만 충당하다 첫 자취가 끝날지도 몰랐다. 그래서 머리를 굴린 끝에 집에서 적당히 떨어진 대학에 진학한 뒤 그 근처에 아지트를 만들자는 계획을 세웠다.

그러면 부모님에게서 벗어나면서도 학비나 용돈을 명목으로 지원받아 생활비도 해결할 수 있을 것이었다. 이렇게 생각한 뒤로는 그 조건에 부합하는 대학을 은밀하게 물색했다.

서울에서 적당히 거리가 있어 부모님께서 오시기 어렵지만 너무 외지지 않은 학교가 최적이었다. 다른 친구들이 성적을 보며 재수를 할지 대학에 진학할지 고민할 때, 나는 대학 위치를 보며 진학을 고민한 셈이었다.

그렇게 며칠 정도 보냈을까. 여느 때처럼 뒹굴거리고 있는 내게 지금의 은사님께서 한번 만나자는 연락을 주셨다. 은사님과는 공부방에서 지내게 되면서 처음 뵀다. 은사님께서는 내가 공부방에서 지낼 때 상담해 주시며 내게 크고 작은 도움을 주신 분이었다.

이제까지 나를 사적으로 부르신 적도 없었고 그러실 이유도 딱히 없었기에, 나를 갑자기 부르셨다는 소식을 처음 들었을 때는 적잖이 당황했다. 거기다 아직 수능 성적표도 나오지 않은 11월 중순에 딱히 상담해 주실 것도 없어 보였기에 더욱 생각이 많아졌다.

도둑이 제 발 저리다고, 나는 수능 3일 전에 피시방에 갔다가 들킨 것 때문에 혼나러 가는 줄로만 알았다. 수능도 끝났으니 부모님께서 나를 본격적으로 교육하기 위해 부탁드린 거라면 당연히 그럴듯한 추측이었다.

하지만 그렇게 생각하고 긴장한 상태로 뵌 은사님께서는 예상과 달리 나를 반갑게 맞이해 주셨다. 그리고 대화 자체도 요즘 뭐하고 지내고 있냐, 수능 끝나니까 편하지 않냐 같은 일상적인 주제로 한참을 흘러갔다.

처음에는 예상과 다른 대화에 속으로 이게 무슨 일인가 싶었지만, 그래도 별일 아니었구나 하는 안도감에 긴장을 풀었다.

그러나 그 직후 나는 은사님께서 꺼내신 본론을 듣고 몸이 굳어버렸다. 여러 이야기로 차근차근 풀어서 전해주셨지만, 핵심은 지금부터 내년 수능을 준비해보자는 말씀이었다.

나는 순간 귀를 의심했다. 친구들과 급식을 먹고 들어가는 길에 재수 얘기가 나왔을 때, '나는 그런 짓 절대 안 한다. 차라리 고등학교만 졸업하고 맘 편히 살겠다' 말했던 게 지난달이었다.

게다가 불과 지난주까지 수험생이라는 타이틀 때문에 눈치 보고 사느라 매우 힘들었다. 당연히 그런 시간은 1년은 고사하고 단 하루도 더 보내고 싶지 않았다. 그런데 지금 은사님께서는 사실상 그 시간을 다시 보내자고 말씀하시는 것이었다.

그제야 나는 모든 상황을 이해할 수 있었다. 이상하리만큼 한동안 내게 공부하라는 말씀을 안 하셨던 부모님, 마치 수능이 끝나기를 기다리신 듯한 연락 타이밍, 그리고 오직 나 한 명을 위해서 시간을 할애하신 은사님. 모든 정황이 이미 오래전부터 부모님과 은사님께서 재수에 대해 논의하셨고, 이미 어느 정도 준비가 되어 있다는 사실을 가리켰다.

그렇다는 건 이곳에서 내가 재수를 피할 길은 매우 완강하게 거절하는 방법밖에 없다는 소리였지만, 거절 의사를 표하는 건 둘째 치고 그에 대한 명분이 마땅히 떠오르지 않았다.

그렇다고 무작정 원래 계획하던 대로 움직일 수도 없었다. 혹여라도 부모님께서 내가 예상하던 지원을 안 해주시면, 나는 꼼짝없이 모든 금전적 위험을 감수해야 했기 때문이다.

그래서 끝내 답을 찾지 못한 나는 다른 이야기를 하지 않고 은사님의 권유를 따르겠다고 말씀드렸다. 하지만 은사님께서는 내 대답이 살짝 느린 것에서 복잡한 속마음을 읽으셨던 것 같다. 은사님께서는 웃으시면서 내게 말씀하셨다.

"기범, 너무 걱정하지 말아요. 이번 기회에 한 번 미래를 상상해보면서 생각을 잘 정리해보면 돼요. 10년 뒤 내가 어떤 모습일지 상상해 본 적 있나요? 어쩌면 생각보다 재수가 좋은 기회일지도 몰라요."

집에 돌아온 뒤로도 나는 한참 동안 이 날벼락 같은 일을 어떻게 해결해야 할지 고민했다. 수능 이후 여유로운 날을 며칠이나 즐겼다고 갑자기 재수 이야기가 나오다니, 도무지 이 상황을 덤덤히 받아들일 수 없었다. 솔직히 위험이고 뭐고 그냥 도망칠 생각까지 했다.

성적표만 나오면 대학은 혼자서도 지원할 수 있으니까, 그냥 그때까지 기다렸다가 대학에 진학해 버리자는 생각이었다. 비록 그렇게 대학에 가면 당장 돈부터 벌어야 하겠지만, 아무리 그래도 재수하는 것보다는 덜 힘들 것 같았다.

하지만 끝내 뾰족한 수를 생각하지 못한 채 '어떻게든 되겠지'라고 생각하며 재수를 머릿속 한구석에 던져버렸다. 그리고는 일상생활을 하며 그 생각을 차차 잊어갔다.

하지만 2019년 11월 20일, 은사님을 뵙고 얼마 지나지 않았을 때였다. 그날도 어김없이 피시방에서 게임을 실컷 즐긴 나는 집으로 가는 버스에 탔다.

집에 가는 길은 짧은 겨울 해가 지면서 일찍 만들어진 노을로 붉게 물들어 있었다. 나는 창가 자리에 앉은 채 노을 진 풍경을 묵묵히 지켜봤다. 오랫동안 게임한 뒤라 약간 멍한 상태로 바라보는 노을 풍경은, 승객들이 부산히 타고 내리는 소음도 잊게 했다.

그렇게 차분한 상태는 평소 잘 하지 않던 생각을 떠오르게 했다. 성인이 된다는 것에 대해, 고등학교를 졸업한다는 것에 대해 이런저런 생각이 머릿속에 떠올랐다. 그리고 그 흐름을 타고 머릿속 한편에 치워뒀던 대학 진학과 재수에 대한 고민이 다시금 떠올랐다.

솔직히 말하자면 나는 재수로 뭐가 달라질까 싶었다. 1년만 공부해서 성공할 수능이었으면 너도나도 재수해서 대학에 진학하지, 뭐 하러 비싼 학원을 3년 내내 다니면서 공부하겠냐는 생각이었다.

나중에는 재수에 들어갈 돈으로 차라리 대학 등록금이나 내주시면 안 되나 하고 툴툴거렸다. 그렇게 속으로 한참 불만을 터뜨리고 있으니 문득 은사님과 만났던 날이 떠올랐다. 그리고 그 기억은 자연스럽게 은사님께서 던지신 마지막 질문으로 이어졌다.

'근데 진짜로 나는 10년 뒤에 뭘 하고 있을까?'

고등학생인 내게 10년 뒤는 한 번도 그려본 적 없는 미래였다. 지난 12년 동안 학교만 충실히 다녀도 해야 할 일이 매년 있는데, 뭐 하러 10년 뒤를 진지하게 상상하겠는가?

그래도 나는 10년이라는 단위에 별 감흥은 없었다. 아무리 내가 어리다 해도 이미 19년을 살았고, 그동안 별다른 큰 문제 없이 잘만 살았다. 그러면 앞으로의 10년 역시 지금처럼 적당히 살면 되는 거 아니겠는가? 그때그때 주어진 상황에 맞춰 알아서 잘 살 텐데, 지금 굳이 심각하게 고민할 대상은 아닌 것 같았다.

그래도 혹시 은사님께서 나중에 다시 여쭤보실까 싶어, 나는 가벼운 마음으로 10년이라는 시간을 얼추 그려보기 시작했다.

그런데 얼마 안 있어 나는 서서히 이상함을 느꼈다. 분명 별거 아니라고 생각했는데, 10년 뒤의 미래는 좀처럼 머릿속에 그려지지 않았다. '어라?' 하는 생각에 자세를 고쳐 앉고 다시금 생각해보려 애써봐도 결과는 마찬가지였다.

나는 끝내 그 자리에서 10년 뒤의 미래를 그리는 데 실패했다. 진심으로 당혹스러웠다. 조만간 대학에 간다는 사실, 몇 년 뒤 입대할 거란 사실 같이 하나하나의 사건들은 충분히 예상하고 있었다.

그런데도 그런 사건들을 거친 뒤의 내가 어떤 모습일지에 대해서는 어렴풋한 이미지조차 존재하지 않았다. 그 모습을 떠올리려고 하면 할수록, 마치 기억 속에서 사라진 꿈을 찾으려고 안간힘을 쓰고 있는 것 같았다.

나는 무언가 텅 빈 공허를 마주한 기분이었다. 지금껏 단 한 번도 미래를 걱정해본 적 없었다. 고등학생이 될 때까지 할 일이 너무 많아서 짜증났던 적은 있어도, 할 일이 없어서 고민이었던 적은 단 한 순간도 없었다.

그래서 나는 당연히 앞으로의 인생도 매번 주어지는 것들이 있을 거라 생각했다. 대학에 진학하고 사회에 나아가는 과정도 이제껏 그래왔듯 일정하게 주어진 길을 따라가다 보면 자연스럽게 지나갈 수 있다고 믿었다.

그런데 나의 믿음과 달리 미래는 아무것도 보장된 게 없었다. 이젠 어디로 가야 하는지 정해주는 존재도, 따라가기만 하면 되는 정해진 길도 없었다. 나는 내가 걸어가는 그 길에 따라 앞으로의 삶이 정해질 것임을 느꼈다.

그 사실을 깨닫자 나는 막막해지기 시작했다. 나는 아무것도 모르는 상태였다. 나아가야 할 방향을 찾는 법은 고사하고, 당장 어디로 나아가야 하는지도 몰랐다.

그런데 몇 달 뒤면 망망대해 같은 사회로 떠밀리게 되는 상황이었다. 그동안 학생이라는 신분을 족쇄라고만 여겼는데, 이렇게 보니 이제까지 학생이어서 보호받고 있던 것임이 느껴졌다.

고등학생이 될 때까지 보호 속에서 어디로 나아갈지 편하게 찾아볼 시간이 넘쳐흘렀는데, 나는 그 시간을 게임으로 홀랑 다 날려먹은 것이었다.

그렇게 생각하니 지금 내 상태가 살얼음 위에 서 있는 것처럼 느껴졌다. 무언가 변화가 필요한 순간이었다. 그래서 나는 집으로 가는 길 위에서 까짓거 재수 한번 해보자고 생각했다.

어차피 이대로 가다 간 남은 삶 위에서 한참 우왕좌왕할 것 같은데, 그럴 바에는 딱 일 년 투자한 셈 치고 제대로 공부해서 대학에서 무엇을 배우고 싶고, 어떤 방향으로 나아갈 것인지를 분명히 정하는 게 현명할 것 같았다.

하늘은 스스로 노력하는 자를 돕는다고 했던가. 내가 그렇게 생각을 정리하고 집에 도착한지 얼마 지나지 않았을 때 은사님으로부터 연락이 왔다. 나는 각오가 약해지기 전에 은사님께 얼른 재수를 희망한다고 말씀드렸다. 그러자 은사님께서는 내게 말씀하셨다.

“어떤 사건이라도 내가 어떻게 하는가에 따라 성장과 발전의 기회가 될 수 있어요. 그리고 본인이 한계를 두지 않으면 그 성장과 발전의 가능성은 무궁무진하죠.

그동안 공부하지 않았다는 사실로 본인을 한계에 가둘 필요가 없어요. 늦었다는 건 그만큼 공부에 더 매진해야 함을 의미하는 것이지, 어떤 한계가 있음을 의미하는 게 아닙니다. 한 번 원 없이 공부해 보세요.”

나는 그 말씀을 끝으로 재수에 뛰어들었다.

[성장의 조건 #1]

첫 번째 조건, 자각

자각은 현실을 판단하여 자기의 입장이나 능력 따위를 스스로 깨닫는 것을 의미한다. 즉 스스로를 돌아보며 지금 내가 어느 수준인지 파악하는 과정이다. 내 수준을 알아야 그 다음을 생각할 수 있다.

어디로 나아갈 것인지, 어떤 것을 목표로 할 것인지 따위는 모두 내가 어디서 출발하는지를 알고 있어야 올바르게 계획할 수 있는 것들이다. 그래서 제대로 된 자각 없이 성장에 필요한 변화를 이룬다는 것은 사실상 불가능하다.

성장 경험이 부족한 경우는 크게 두 가지로 나눌 수 있다. 하나는 변화의 필요성 자체를 느끼지 못한 경우다. 이 부류는 애초에 자각을 제대로 경험한 적이 없다.

그리고 자신의 수준을 제대로 확인해본 경험이 없으니, 당연하게도 현상태를 벗어나 변화해야 한다는 생각 역시 해본 적 없다. 사실 사람은 살다 보면 자연스럽게 자신의 위치를 돌아보고 성장에 대해 고민할 수밖에 없다. 내가 움직일수록 주변 환경이 변하면서 새로운 모습으로 적응할 필요가 생기기 때문이다.

그래서 자각을 한 번이라도 경험한 적이 없다면 자신에게 향해야 할 시선을 다른 데 빼앗기고 있지는 않은가 돌아봐야 한다(나의 경우에는 게임이 그 대상이었다). 내 시선을 사로잡는 대상에 몰두하게 되면 현실에 쉽게 안주하게 된다. 그 외의 것들에 대해 무신경해진 채 움직여야 할 필요성조차 못 느끼는 것이다.

그러므로 이런 부류는 자신의 상태를 정확히 진단하고 변화의 필요성을 인지하는 것부터 시작해야 한다. 그동안 스스로가 어떤 식으로 방치됐는지 자각함으로써 변화에 대한 동기부여나 위기의식을 가질 때, 비로소 성장 가능성이 생기기 때문이다.

다른 하나는 변화를 시도하기는 하지만 제대로 성장하지 못한 경우다. 이런 부류에 속하는 사람들은 나름의 생각을 갖고 움직이지만, 그로부터 유의미한 변화를 끌어내지는 못한다.

이런 경우는 대부분 자신에 대한 판단이 부정확하다는 점이 문제다. 상황에 치여 조급해서 그랬던 것이던 그 중요성을 간과해서 그랬던 것이든, 자기 자신을 대충 살핀 채로 움직이다 보니 성장에 필요한 변화를 적절히 끌어내지 못한다.

성장은 적당히 도전적인 목표를 향해 나아가며 생기는 변화 속에서 서서히 이루어지는 것인데, 자꾸만 자신의 수준보다 너무 낮거나 높은 목표를 설정해서 충분히 변화할 시간을 갖지 못하는 것이다.

주로 무언가 열심히 공부하고 일하는 것 같은데 이렇다 할 성과가 딱히 없는 사람들이 여기에 해당한다. 이들은 계속해서 바쁘게 무언가 하고 있지만 결국 제자리걸음만 하는 셈이다.

따라서 본인이 이 부류에 해당한다면, 일단 멈춰 서서 자신의 위치를 제대로 파악하는 것부터 다시 시작해야 한다. 그래야만 비로소 자신에게 적절한 도전에 시간을 할애하며 들인 시간만큼 성장해 나갈 수 있다.

결국 어떤 이유로 성장하지 못하였든 간에, 먼저 제대로 된 자각부터 시작해야 하는 건 동일하다. 그렇다면 스스로를 제대로 자각하는 방법에는 구체적으로 무엇이 있을까?

가장 먼저 타인의 실제 사례를 비판적으로 받아들이는 방법이 있다. 한마디로 그들의 이야기와 나의 모습을 대조하면서 본인의 상태를 파악하는 것이다. 이 방법은 외부에 비교대상이 실제로 존재하기 때문에 가장 직관적이고 쉽게 자신을 파악할 수 있다는 장점이 있다.

하지만 아무리 쉽고 효과가 좋다고 해도 외부에서 그 대상을 찾는 것 자체가 마음대로 되는 것은 아니기 때문에, 무턱대고 추천할 방법은 아니다(물론 이 책에 나온 나의 이야기가 그 사례가 된다면 아주 기쁘긴 하겠지만 말이다).

그래서 다음으로 혼자서도 가능한 방법을 살펴보자면, 일단 과거와 미래를 천천히 생각해보라고 권하고 싶다(당시에 의도하진 않았지만, 내가 사용한 방식이기도 하다). 사실 자신의 모습을 판단하기에 과거만 한 근거가 없고, 스스로의 부족한 면을 자각하는 데 미래만큼 확실한 수단이 없다.

그래서 앞으로의 미래를 상상하되, 이미 있었던 사건들에 기반해 스스로의 처지를 판단하면 상당히 객관적으로 자신의 상태를 자각할 수 있다.

여기서는 그 사고과정을 글로 설명하고 있어 어색하게 느껴질 수 있지만, 쉽게 말해 과거-현재-미래를 훑어보며 스스로를 성찰하는 과정인 셈이다.

물론 그 과정에서 그동안 써온 일기가 있다면 그것을 참고해도 좋고, 생각나는 것들을 쭉 적어보며 스스로를 돌아봐도 좋다.

핵심은 스스로를 자세히 들여다보는 과정을 통해 변화의 필요성이나 방향성을 잡는 것이다. 주로 변화 경험 자체가 부족한 사람들에게 효과적이라고 볼 수 있다.

또한 자각 기회를 직접 만드는 것도 추천한다. 제대로 된 자각이 전제되어야 적절한 변화와 성장이 따라오는 것은 맞지만, 일단 움직이면서 자신의 수준을 경험적으로 확인해 나가는 것도 좋은 방법이 될 수 있다. 지금 상태에서 적절하다고 판단한 목표를 정한 뒤, 실제로 도전해보면서 스스로가 어떤 수준인지 가늠해보는 것이다.

이때 목표는 내가 원하는 강도에 따라 가벼운 루틴 수준일수도, 자격증 취득처럼 어려운 도전일 수도 있다. 처음부터 본인의 수준을 정확히 맞추려 하기보다, 일정 기간동안 다양한 수준으로 도전하며 스스로에 대한 데이터를 쌓아 나가는 것이 중요하다. 단기간이라도 일단 괜찮다 싶은 일이 있다면 충분히 시도해 볼 만한 방법이다.

많은 사람들이 성장하기가 어려운 이유가 꾸준히 이어가는 게 힘들기 때문이라고 생각한다. 물론 그런 생각이 완전히 틀렸다고 볼 수는 없다. 성장은 분명 오랫동안 성실하게 나아갈 때 비로소 달성할 수 있는한 과정이기 때문이다.

하지만 대부분의 사람들이 성장을 어려워하는 이유는 의외로 과정이 아니라 시작에 있다. 자기 자신에 대한 정확한 자각 없이 변화부터 하려고 드니, 잘 해보려 해도 올바른 방향을 찾기 어렵고, 스스로의 행동에 확신을 갖지 못하게 된다.

그래서는 당연히 성장에 필요한 과정을 제대로 시작조차 할 수 없을 것이다. 반면 제대로 된 자각에 근거하면 비교적 쉽게 변화를 시작할 수 있다.

사실 시작을 지나 어느 정도 안정화되고 나면 성장 과정을 유지하는 것은 그리 어렵지 않다. 사람에게는 일종의 관성이 있어서, 한 번 탄력을 받은 뒤로는 적은 힘만 있어도 계속 나아갈 수 있기 때문이다.

게다가 그 과정에서 성취를 경험할수록 점점 동기부여도 되기 때문에, 시간이 흐를수록 그 힘은 더욱 강해지고 결국 성장으로 나아가게 된다.

따라서 지금 자신이 정체되어 있다 느낀다면, 일단 스스로를 파악하는 자각부터 시작해보자. 그러면 생각보다 금세 성장의 여정에 오르게 될지도 모른다.

[성장의 조건 #2]

두 번째 조건, 주변의 도움

나는 은사님께서 주신 성장 기회를 붙잡아 변할 수 있었다. 그리고 수험 생활 내내 주변에서 셀 수 없이 많은 도움을 받았다. 사실상 내 수험 생활은 나와 주변분들이 함께 만들어낸 시간이었다.

나는 그 사실을 부끄럽게 생각하지 않고, 오히려 내가 현명했다고 본다. 만약 내가 모든 과정을 혼자 감당하려고 했다면, 중간에 엉뚱한 길에서 헤매거나 슬럼프에 빠져 허우적거리며 시간을 낭비했을 것이다.

성장 과정이 안정적인 궤도에 오르기까지는 시간이 필요하다. 몇 번의 고비가 언제 다가올지는 사람마다 다르겠지만 그 순간이 사실상 성장을 결정짓는다고 봐도 무방하다.

그런데 그 고비는 성장의 결정적인 순간인 만큼 혼자서 감당하기에는 너무 혹독할 수 있다. 그래서 그런 상황에 놓였을 때 주변 사람들에게 도움을 적극적으로 구할 수 있어야 한다. 부모님, 학교 선생님, 부모님 지인분들처럼 어느 정도 연륜이 있으신 어른들께 도움을 청해도 좋고, 나와 비슷한 과정을 겪었거나 지금 겪고 있는 형, 동생, 친구들에게 도움을 청해도 좋다. 누가 됐든 내게 도움을 줄 수 있는 사람에게 솔직하게 부탁하면 된다.

내 경험상 나와 늘 철없게 장난치고 다퉜던 2살 아래 친동생조차, 내가 수험 생활에 협조를 부탁했을 때 알아서 적당히 배려해줬다(그렇다고 내 심기를 전혀 건드리지 않았던 것은 아니었지만…).

다만, 다른 사람들에게 도움을 청할 때는 세 가지 기억해야 할 점이 있다. 일단 첫 번째는, 도움을 청하고자 한다면 나부터 진실되어야 한다.

입으로는 여기저기 수험 생활을 할 거라고 말하면서 행동이 그전과 똑같다면, 도움을 주려는 사람들도 점점 지칠 수밖에 없다. 그래서는 주변 사람들에게 그저 거짓말한 꼴이 된다.

그러므로 도움을 청했으면 끊임없이 변하고자 노력해야 한다. 특별히 뛰어난 게 없었던 내가 그렇게 많은 도움을 받을 수 있었던 것도, 결국은 재수를 결심한 뒤로 일단 뭐든 해보려고 노력하는 모습을 보였기 때문이다(솔직히 나조차도 믿지 못했던 과거의 내 모습만 보고서, 나를 무조건적으로 믿어줄 수 있는 사람이 몇이나 있었겠는가).

거짓된 것은 오래가지 못한다는 말처럼, 스스로 진실되지 않으면 절대 그 꾸준함을 보일 수 없다. 그런 척 흉내내는 것도 한계가 있기 마련이다. 따라서 일단 주변에 도움을 청했다면, 그들을 생각해서라도 진심으로 변화에 임하려고 노력해야 한다.

두 번째는, 내가 받는 도움에 항상 고마워하고 감사해야 한다. 고등학교 때 3학년이 되자, 주변 어른들께서 먼저 배려해주셨던 게 기억난다. 그런데 그 당시에는 나를 포함한 대다수의 학생들이 그걸 당연하게 생각했다. 입시에서 오는 스트레스를 혼자 감당하며 지내고 있으니, 당연히 주변 사람들이 나에게 맞춰줘야 한다고 봤다.

그런데 지금 와서 생각해 보면, (내가 공부를 안 했다는 사실은 차치하더라도) 내가 수험 생활을 잘하든 말든 부모님 인생에는 사실 별 상관이 없었다. 솔직히 아들이 수능에서 좋은 결과를 받으면 분명 기쁜 일인 건 맞지만, 그래서 그 일로 부모님께서 득을 볼 게 뭐 얼마나 있겠는가?

내 주위 형제자매나 친구들도 마찬가지다. 내가 변하고 성장한다고 해서 그들에게 대단한 무언가가 주어지는 일은 없다.

그래서 그분들이 내게 도움을 주고 있다면 사소하더라도 고마워하고 감사해야 한다. 나를 생각해서 선뜻 도와주는 것이니 말이다.

세 번째는, 도움을 받더라도 주체는 나여야 한다. 도움을 받는 것과 남에게 의존하는 것은 전혀 다른 맥락이다. 대부분의 사람들은 누군가를 도울 때 그 상대방을 위해 흔쾌히 도와주지만, 그렇지 않은 사람들도 있다는 것을 기억해야 한다.

도움을 구하다 보면 거절당할 수도, 돕는 척하면서 자기 자랑이나 참견을 늘어놓는 사람을 만날 수도 있다. 그들이 의도했든 의도하지 않았든 그런 경우는 내 성장에 그다지 도움이 되지 않으므로 적당히 넘기면 된다. 타인의 의견에 불필요하게 의존해서 상처받거나 영양가 없는 주장에 휘둘려서는 오히려 성장에 해가 될 뿐이다.

주변에 도움을 제대로 요청할 줄 아는 것도 성장의 중요한 요소다. 그러므로 진실되게 도움을 구하고, 도움을 받았다면 고마움과 감사를 표하자.

그러면 주변 사람들 대부분이 이후로도 기꺼이 든든한 조력자가 되어줄 것이고, 이를 통해 훨씬 수월하게 성장 과정을 나아갈 수 있을 것이다.

[재수/2020]

수험 생활의 시작

수능은 과목이 정해진 시험이다. 당시 내가 치르게 될 과목은 총 6과목(국어, 수학(나형), 영어, 한국사, 생활과 윤리, 윤리와 사상)이었고, 그 과목을 공부할 시간으로 일 년이 주어진 셈이었다.

하지만 앞서 말했듯 나는 게임에 빠진 채 공부를 손에서 거의 놓은 상태였기에, 아무렇게나 공부했다가는 시간만 낭비할 게 뻔했다.

따라서 재수를 시작한 내가 가장 먼저 해야 할 일은 목표 대학을 정하고 각 과목에 대한 정보를 수집하는 것이었다. 가고 싶은 대학에 따라 받아야 할 점수대를 측정하고, 이를 알아낸 정보와 비교한다면 대강 어떤 커리큘럼을 따라가야 할지 정해질 터였다.

일단, 목표 대학을 설정하는 것은 어렵지 않았다. 아니, 정확히 말하면 어렵지 않게 됐다. 처음에는 나도 인터넷에서 대학별 합격 커트라인을 보면서 보수적으로 목표 대학을 설정하려고 했다. 그런데 생각보다 대학에 학과까지 들어가니 항목이 너무 많아서 해석 자체가 어려웠다.

그래서 나는 이걸 어떡해야 할지 고민하다가, 은사님께 '정상을 목표로 하는 사람은 실패해도 그 부근이지만, 중턱을 목표로 하는 사람은 절대 중턱조차 오르지 못한다.'는 조언을 듣고 무작정 SKY를 목표 대학으로 잡았다.

당연히 SKY는 내 성적과 비교하면 불가능해 보이는 점수대를 요구했다. 하지만 나는 어차피 잃을 거 없다는 생각으로 그 점수대를 재수 목표로 삼았다.

그러고는 스스로 '나는 아깝게 SKY를 떨어지고 재수하는 놈'이라고 가스라이팅하면서 목표를 받아들였다(웃겨 보일 수 있지만 이런 식으로 스스로를 가스라이팅하는 방법은 의외로 효과가 좋았다. 내가 어쩌다 사수까지 갔겠는가!).

그렇게 이름처럼 높은 목표 대학과 점수대를 설정한 뒤, 나는 각 과목에 대해 파악을 했다. 이때도 복잡한 방법으로 하지 못해서 그저 학교에 갔을 때 사물함과 책상 아래에 잠들어 있던 교과서들을 쭉 훑어보는 정도였지만, 이 과정을 통해 6가지 과목의 특징과 내 수준을 대강 파악할 수 있었다.

일단, 내가 치르게 될 과목은 크게 두 종류로 나뉘었다. 한 종류는 이전의 교육과정을 기반으로 해서 배워야 하는 과목들로, 국어, 영어, 수학이었다. 이 과목들은 수능에 포함되는 범위만 공부해서는 안 됐다.

이전 범위의 내용을 알지 못하면 뒷부분을 공부할 수 없었기 때문이다. 그래서 상대적으로 더 많은 시간과 노력을 들여 천천히 이해하며 공부할 필요가 있었다.

그리고 다른 과목으로는 고등학교에서 사실상 다시 배우는 한국사, 사회 탐구가 있었다. 이 과목들은 이전에 배운 적이 있더라도 어차피 고등학교에서 다시 배웠기 때문에, 상대적으로 공부해야 할 총량이 적었다.

게다가 이들은 복잡한 과정이나 공식이 아니라 순수한 암기를 요구했기에 공부에 들어가는 절대적인 시간 역시 비교적 적었다.

따라서 나는 전자에 해당하는 과목들을 먼저 시작하고, 나중에 여유가 생기면 나머지 과목들을 공부하자고 생각했다.

다음으로 각 과목에 대한 수준을 파악한 결과, 이전 교육과정을 공부해야 하는 과목들의 상태가 예상보다 더 처참하다는 것을 알 수 있었다.

국어는 각 영역에 대한 지식이나 문제 유형에 대해 아는 바가 없어서 사실상 감에 의존했다.

수학은 그전 개념을 모르다 보니 고등학교에서 배우는 내용을 전혀 이해하지 못했다. 그나마 형태를 외워서 사용할 수 있는 공식들 몇 개가 기억나긴 했지만, 그마저도 문제가 살짝 응용되면 사용할 줄 몰랐다.

영어는 읽고 해석하는 것 자체가 불가능해 셋 중에서도 가장 심각했다. 단어, 문법, 듣기, 독해 무엇 하나 제대로 아는 게 없었다.

교과서를 훑어보는 김에 영어 지문 속 한 문단을 읽어보려고 했으나 첫 줄에서 실패했고, 심지어 그 옆에 필기해 둔 수업 내용조차 제대로 이해하는 데 실패했다.

물론 어느 정도는 각오하고 있었다. 지금껏 학교생활을 하면서 대충의 실력은 알고 있었으니 말이다. 그래도 내심 학교 시험에서 4~5등급 정도까지는 받았던 터라 기억나는 게 좀 있을 거라 믿었는데 전혀 아니었다. 냉정하게 말해 내 수준은 초등학생~중학생 정도에 머물러 있었다.

현실을 알자, 목표 대학을 설정할 때 가졌던 패기는 어느새 사라지고 한숨이 절로 나왔다. 솔직히 재수를 다짐했을 때 1년을 어떻게 버티나 싶었다. 그러나 막상 각 과목의 상태를 가늠해보니 이제는 고작 1년 만에 이걸 어떻게 끝내야 할지가 막막하게 느껴졌다.

그렇지만 이미 강을 건넌 내게는 신세 한탄도 사치였다. 목적지를 잡았고 위치를 대충 파악한 이상, 더 늦기 전에 내게 부족한 부분을 채워서 나아가야 할 것이었다.

[성장의 조건 #3]

세 번째 조건, 시작

무언가를 깨닫고도 움직이지 않으면 아무것도 변하지 않는다. 그렇기에 성장 과정을 시작하는 것은 단순히 상징적인 의미만 있는 것이 아니라, 실질적으로 머릿속에 있는 모습에 맞춰 현실을 바꿔 나가는 한 과정으로서 의미도 가진다.

하지만 그런 시작이 언제나 이상적이고 훌륭할 수는 없다. 어떤 일을 처음 하는데 잘하는 것보다는 못하고 어색한 게 더 자연스러운 현상이다. 그래서 시작에 있어 완벽한 때를 기다리는 것은 그리 현명하지 못하다. 높은 확률로 만족스러운 때를 만나지 못해 시간이 지날수록 서서히 의욕을 잃기만 할 것이다.

그러므로 적어도 성장 과정에서는 적절한 때를 기다리지 말고 직접 만들어야 한다. 조금 부족하더라도 기회가 있을 때 일단 나아가봐야, 차차 모자란 부분을 채우든 말든 할 수 있는 것이다.

시작의 순간에는 완벽함보다 다음의 두 가지를 확인하는 것이 더 효과적이다. 첫째, 내가 나아가는 방향을 설정했는지 확인해야 한다. 시작은 성장 과정의 맨 처음이기 때문에 불완전하다.

이는 어디까지나 부족한 부분이 있다는 의미이지 아무것도 모르는 상태에서 출발하는 게 시작이라는 의미는 아니다. 최소한 어디로 갈 것인지는 확인하고 나아가야 중간에 수정하든 계속 나아가든 결정할 근거가 생긴다.

보통 사람들은 초조할 때 그 방향성조차 확인하지 않고 무작정 뛰곤 한다. 그저 옆에서 사람들이 바쁘게 움직이니까 나도 괜히 바쁘게 움직여야 할 것 같아서 일단 움직인다.

하지만 그래서는 서로 저마다 잡아둔 방향으로 움직이는 사람들 사이에서 우왕좌왕하게 될 뿐, 본격적인 성장 과정에 오를 수 없다. 따라서 시작하는 것은 좋지만 최소한 내가 나아갈 방향 정도는 잡아두도록 하자.

둘째, 지레 겁먹진 않았는지 확인해야 한다. 나아갈 방향을 정했으면 이제 그대로 쭉 가겠다는 생각으로 걸음을 내디디면 된다. 거기서 괜히 여기로 나아가는 게 맞는지 간을 보다가는 발만 꼬여서 넘어지게 된다.

시작 지점에서 확정된 바는 아무것도 없어서 조금은 무모해도 된다. 당장 나만 해도 4~5등급의 성적이었지만 SKY를 상상하지 않았는가. 시작 단계에서 내가 어디를 바라보고 있는지는 전혀 중요하지 않다.

미래의 내가 너무 무모한 생각은 그때 가서 상황에 맞춰 조절할 수 있으므로, 이 단계에서는 오직 내가 변화하기로 마음먹고 움직이기 시작했다는 점에만 주목하면 된다.

그런데 사람은 본능적으로 미지의 대상에 대해 두려움을 느끼기에 단순히 그 사실을 무시하는 것으로는 그 감정을 해결할 수 없다. 그래서 무언가를 시작할 때는 항상 자기 자신에 대한 믿음을 가져야 한다.

그전까지 내가 어떤 모습으로 지냈는지 잘 알더라도, 새롭게 출발하는 지금부터는 완전히 다른 사람인 것처럼 행동하자. 이번 시작을 기점으로 앞으로 성장해 나갈 것인데, 굳이 성장 전 모습을 보며 스스로를 부족하게 느낄 필요는 없다.

처음부터 다시

수능이 끝나고 약 이 주가 흐른 11월 말, 기본적인 파악을 마친 나는 각 과목을 어떻게 공부할 것인지를 구체적으로 정하기 시작했다. 가장 처음 고민한 부분은 인터넷 강의, 학원 같은 외부의 도움을 이용할지, 아니면 독학으로 공부할지 선택하는 것이었다.

외부의 도움을 받는다면 실력을 단기간에 끌어올릴 수 있는 여러 팁이나 정보를 배울 수 있겠지만, 그 과정에서 내실이 부족해질 위험이 있었다.

반면 독학을 선택한다면 한 번 할 때 더 많은 시간을 투자해야겠지만, 스스로 문제를 풀고 고민하는 만큼 내가 하는 공부가 탄탄한 기본기와 실력으로 온전히 이어질 것이었다.

두 방법 모두 그 장단점이 분명했기에 나는 은사님께 부탁드려서 어떤 방법으로 공부하면 좋을지 상의했다. 그때 은사님께서는 내게 열심히 하지만 실전에서 빈번히 낙오하는 사람들에 대한 이야기를 해 주셨다.

"일반적으로 그런 경우를 보며 사람들은 현장 분위기에 긴장해서 그런 거라고들 하지만, 사실 긴장과 무관하게 그런 상태에 빠지는 경우도 정말 많아요. 그런 경우 문제는 그들의 '착각'에 있어요.

그들은 연습 과정에서 충분히 공부했다고 생각하지만, 실은 그들의 공부에 빈틈이 존재했던 거죠. 지금처럼 기초가 부족한 상태에서 학원 같은 수단은 자칫 잘못하면 이런 일을 유발할 수 있어요.

단순히 거기서 수업을 받은 걸로 필요한 공부를 마쳤다고 착각했다가 시험장에 가서 꼼짝없이 당하게 되는 거죠."

나는 이 말씀을 듣고 공부 방식도 무턱대고 주류를 따르는 것이 아니라, 내 수준에 맞춰 선택할 수 있어야 한다고 생각했다. 인터넷 강의든 학원이든 사교육은 기본적으로 다수의 수강생에게 제공되는 수업이었다.

그들이 제공하는 수업이 개인에게 얼마나 집중하는지(, 그리고 얼마나 비싼지)에 따라 세부적인 차이는 있겠지만, 기본적으로 모든 커리큘럼은 다수를 대상으로 짜여 있었다.

그래서 인터넷 강의나 학원의 수업을 단순히 수강하는 것만으로는 내게 필요한 공부를 전부 마쳤다고 보기는 어려웠다. 아무리 잘 짜인 커리큘럼일지라도 개별 수강생들의 세부적인 요구사항을 모두 담을 수는 없었기 때문이다.

게다가 수업 자체로는 문제를 푸는 데 필요한 사고력을 기르는 것도 불가능했다. 사교육은 대개 수업에서 모든 것을 보여줬다. 개념도 다 풀어서 설명해줬고, 풀이과정도 특정 문제 해설에 최적화해서 모두 제시해줬다.

그러다 보니 단순히 수업을 듣는 것으로는 몇 시간을 수강해도 깊이 생각할 일이 없었다. 그저 알려주는 대로 받아 적기만 해도 수업을 듣는 데 큰 지장은 없었다.

그렇기에 어떤 수업을 들었으면 반드시 추가적인 시간을 들여 내용을 학습해야 했다. 스스로 배운 내용을 복습하고 부족한 부분을 채우면서 확실히 내 것으로 만들었을 때, 비로소 인터넷 강의나 학원 수업으로 공부했다고 말할 수 있는 것이었다.

하지만 기초가 부족한 상태에서는 정해진 진도에 맞춰 수업을 듣는 것만 해도 상당히 힘든 일이었다. 그래서 그 이후에 필요한 학습 과정을 제대로 이행하지 않은 채, 그저 가르쳐주는 내용을 듣고 적기만 해놓고 공부를 다 했다고 착각하기가 쉬웠다. 즉 잘못하면 공부에 시간을 잔뜩 들이고도 확실히 얻어가는 게 없을 수도 있었다.

따라서 나는 다소 무모한 선택인 것 같았지만 수능 공부를 독학하기로 결심했다. 지금 상태로 인터넷 강의을 듣거나 학원에 다니면 끝내 주객전도를 막을 수 없을 것 같았다.

만약 그렇게 되면 굳이 일 년까지 투자하지 않아도 좋지 못한 결과가 기다릴 게 뻔했다. 그래서 내게는 많은 시간을 투자해야 하지만 그러한 위험이 없는 독학이 오히려 더 합리적으로 느껴졌다.

또한, 한편으로는 뒤로 갈수록 드는 시간이 주는 걸 고려하면 결과적으로 독학이 가장 효율적인 선택이라고 판단했다. 독학으로 공부하면 온전히 내 공부만 하면 되기 때문에 불필요하게 낭비되는 시간을 최소화할 수 있었다. 외출하지 않으니, 동선을 낭비하는 일도 없었고, 책으로 공부하니 다른 데 한눈파는 일도 없었다.

특히 게임이 큰 골치였던 내게 컴퓨터, 패드, 스마트폰 같은 전자기기 사용을 최소화한다는 점은 그 차이는 더욱 크게 만들어줄 터였다. 나는 공부 자체가 오래 걸리는 초기에는 이런 시간 낭비를 줄여도 눈에 띄지 않겠지만, 분명 중후반부터는 상당한 차이를 가져올 것이라 봤다.

그렇게 독학을 결심한 뒤, 나는 본격적으로 교재를 찾아보기 시작했다. 당시 날짜가 12월이 채 안 되다 보니 시중에는 2021학년도 수능용 교재가 하나도 없었다.

그래서 그런 교재를 구매하기 위해서는 적어도 한두 달을 무작정 기다려야 하는 상황이었다. 그러다 보니 주변에 재수한다고 하는 친구들에게 물어봐도 모두들 그때까지 쉰다고 했다.

하지만 나는 그런 대답을 들으며 오히려 이 공백기가 고등학교 이전 교육과정을 공부할 수 있는 절호의 기회라고 생각했다.

다들 공부하는 시점에 이전 부분을 공부하려고 하면 그만큼 진도가 늦어지는데, 수능 교재들이 나오지 않아 남들이 쉬고 있을 때 공부하면 그러한 시간적 손해를 최소화할 수 있을 것이었다.

서둘러 이전 교육과정을 공부해야 하는 과목 중 국어를 뺀 수학, 영어의 공부계획을 짜기 시작했다(재수 초기에는 세 과목을 동시에 하기가 현실적으로 어려워서, 다른 두 과목보다 그나마 상황이 괜찮았던 국어를 잠시 미뤄뒀다).

먼저 수학은 중학교 수학으로 돌아갔다. 중학교 수학은 고등학교 수학을 받치고 있는 기둥과 같은 부분이기에, 이 부분을 제대로 해야 고등학교 수학을 이해할 수 있었다. 그래서 나는 은사님과 상의 후 중학교 수학 교재를 풀기로 결정했다.

다만 중학교 과정은 설명을 꼼꼼히 봐야 할 정도는 아니라고 판단해서, 중학교 3년 범위를 모두 다루고 있는 총정리 교재 한 권만 구매했다. 그리고 이후 해당 문제집을 여러 번 반복해 보면서 고등학교 수학의 기초가 되는 개념들을 차근차근 이해하면서 외웠다.

솔직히 처음 봤을 때는 한 권 분량이고 중학교 수학일 뿐이니 새해가 되기 전에 끝낼 수 있을 거라 생각했지만, 단순 암기가 아니라 그 공식이 도출되는 과정까지 이해하고 넘어가려고 하니 시간이 제법 필요했다. 그 결과 나는 예상보다 조금 늦은 1월 중반에 중학교 수학을 마칠 수 있었다.

그러나 이 과정을 통해 나는 처음으로 공식을 응용하는 감각을 키울 수 있었고, 단순히 중학교 교육과정을 넘어 수학을 어떻게 공부할 것인지에 대한 나만의 생각을 정리하는 시간을 보낼 수 있었다.

그리고 이러한 경험은 이후 고등학교 수학에서 어려운 개념들이 쏟아져 나올 때 당황하지 않고 하나씩 정복해 나가는 데 튼튼한 기초가 되었다.

다음으로 영어 역시 과거 교육과정으로 돌아갔지만, 가장 심각했던 만큼 중학교 수준조차 어려운 상태였다. 그래서 나는 은사님과 상의한 끝에 (자존심 다 내려놓고) 초등학교 고학년용 독해 교재를 구매해서 11월 말부터 풀기 시작했다.

솔직히 그 수준도 많이 어려웠다. 문장은 한 번에 읽지 못해서 하나하나 끊어 읽어야 했고, 문법과 단어도 부실해서 매번 문법책과 사전을 보며 문제를 풀었다. 그래서 하루 분량이었던 유닛 하나를 나가는데 1시간 정도 걸렸고, 책을 마치는 데에는 거의 석 달이 걸려 2월 말이 되어서야 완전히 마무리할 수 있었다.

그리고 독해를 어느 정도 공부한 뒤부터는 영어 단어를 함께 공부했다. 영단어는 중학생용 단어 책을 구매해 시작했는데, 역시나 대부분 처음 보는 단어들이어서 보는 데 상당한 시간을 할애해야 했다.

하지만 단어 특성상 외우는 거 말고는 별다른 방법이 없었기에, 이 단어 책을 외우는 동안에는 온갖 방법을 써서 영단어를 외웠다. 접두사와 접미사를 통해 파생어 외우기, 따로 노트에 나만의 방식으로 설명을 적어두고 외우기, 여기저기 단어가 적힌 메모지를 붙여두고 지나갈 때마다 봐주기 등등 여기저기서 들어본 방법은 다 써봤던 것 같다.

나중에 가서는 한 권의 단어 책만 보는 것이 아니라 집에 있는 단어 책들 중 괜찮은 건 다 꺼내 보면서 최대한 많은 단어를 주입하려고 노력했다. 그렇게 틈틈이 다양한 방법으로 단어 책을 읽은 덕분에 중학생 수준의 단어는 1월 초에는 얼추 외울 수 있었다.

초기에 공부 시간 대부분을 가져갈 만큼 골치 아팠던 영어였지만, 한 번 할 때 제대로 공부하니 기반이 탄탄하게 쌓여가는 것이 눈에 보였다.

따라서 나는 독해와 영단어 모두 첫 교재를 완료한 시점부터는 중학교와 고등학교 수준의 교재를 차례대로 나갔다. 그 과정에서 수준이 가파르게 올라 고생한 적도 많았지만, 대체로 이전에 공부한 내용을 활용해 무사히 헤쳐 나갈 수 있었다.

[성장의 조건 #4]

네 번째 조건, 기초

재수생이 된 나는 가장 먼저 이전 교육과정을 제대로 다시 공부했지만, 사실 처음부터 그 결정에 자신 있어 한 것은 아니었다.

특히 대부분의 수험생들이 수능 커리큘럼을 본격적으로 시작하는 1월 말에는 매일 이게 맞나 싶은 생각이 들었다. 당시 나는 석 달 가까이 공부했지만 초등학교, 중학교 과정을 막 마쳤을 뿐, 수능에서 풀게 될 고등학교 과정은 아직 제대로 시작도 못한 상태였다. 당연히 그런 상태에서는 내 실력이나 성적에서 이렇다 할 변화가 나타나지 않았다.

꽤 오랫동안 최선을 다해 공부한 것 같은데 계속해서 비슷한 결과만 나오자 나는 서서히 불안해졌다. 그때는 이러다 다른 수험생들 뒤꽁무니만 보다 끝나는 거 아닌가 하는 걱정도 종종 했다.

하지만 주위 어른들께서 해주시는 조언과 공부 관련 자료들을 찾아보면서 마음을 진정시켰고, 이후로도 많은 시간을 투입해 끝내 기초를 확실히 다지는 데 성공했다. 그렇게 정성 들여 쌓은 기초는 시간이 지날수록 진가를 발휘했다. 그리고 내가 그 속에서 느낀 기초의 힘은 크게 두 가지였다.

첫째는 이해도였다. 기초의 유무에 따라 이해도는 상당한 차이를 보였다. 기초를 제대로 다져본 적이 없었던 예전에는 각각의 문제들이 다 따로 놀았다. 같은 단원, 같은 장에 속해 있음에도 그 문제들이 서로 왜 엮여 있는지 알지 못했고, 그 문제가 무엇을 위해 출제된 것인지 파악하지 못했다.

몇 권의 책을 끝내더라도 과목에 대한 이해도가 매우 낮았을 뿐만 아니라, 공부한 내용 대부분이 머릿속에서 무질서하게 돌아다녀서 쉽게 떠오르지 않았다.

그러나 기초부터 제대로 닦은 뒤로는 모든 문제들이 서로 촘촘하게 얽혀 있는 느낌이었다. 마치 마트에 가면 물건들이 종류별로 묶여 있는 진열대를 보는 것처럼, 서로 다른 교재 속 문제들이 기초적인 개념이나 제재에 따라 자연스럽게 연결되었다.

진도를 나갈수록 문제를 연관 지으며 얻어가는 내용의 깊이가 달라졌고, 그 정도가 일정 수준을 넘기자 긴장되는 실전에서도 더 많은 문제를 차분하게 풀어낼 수 있었다.

다음으로 둘째는 안정감이었다. 한 번 다져둔 기초는 웬만해서는 흔들리지 않는 토대가 되었고, 나는 그 견고한 토대 위에서 성적을 꾸준히 향상시킬 수 있었다. 그리고 이렇게 올린 성적은 그전과 달리 내 실력에 대한 확신을 줬다.

고등학교 1학년 때 6~7등급이었던 영어를 모의고사에서 딱 한 번 3등급을 받았던 적이 있었다. 하지만 잘 찍어서 받은 점수라는 것을 알았기에 잠깐 기분이 좋았지만 그게 내 점수라는 느낌은 없었다.

이에 반해, 기초부터 다졌던 재수 때는 점수가 오를수록 차츰 스스로에 대한 기준이 갱신되는 느낌이었다. 내가 확실히 풀어서 맞춘 문제들이 많아지자 향상된 점수가 일정하게 유지되었고, 그에 따라 실력에 대한 자신감도 덩달아 붙기 시작했다.

그래서 모의고사를 치면 1~2문제 이상 틀리는 경우가 거의 없었던 재수 중후반부터는 수능에서 아무리 컨디션이 안 좋아도 1등급은 무조건 받겠구나 하고 확신할 수 있었다.

그런데 이러한 기초의 힘은 수능 공부 밖에서 더 큰 힘을 가졌다. 대학 공부는 물론 토론, 스피치, 발표, 면접 등 어떤 활동을 해도 그 기초가 되는 부분부터 제대로 잡아두고 가는 것은 매우 효과적이었다.

나는 공부를 한다면 원서와 PPT 내용을 노트에 정리하면서 시작하고, 토론을 한다면 내가 주장하는 입장의 논리구조 틀부터 짜고 들어가는 식으로 모든 활동에서 기초를 먼저 다뤘다. 적절한 처리 방법과 단계를 구상하거나 구성원들과 파트를 분담하는 것처럼 보다 세부적인 일들은 모두 그다음에 진행했다.

그러자 내가 해야 하는 일을 어떻게 진행해야 하는지, 각각의 일들을 무슨 순서로 배치해야 하는지를 쉽게 파악할 수 있었다. 그 덕에 여러 활동을 하더라도 내가 하지 못할 수준으로 일이 커지는 경우가 없었고, 어렵지 않게 기한 내에 모든 일을 처리할 수 있었다. 그리고 만약 피치 못할 사정으로 수정이 필요하다면 정확히 문제가 되는 지점만 파악하여 변경 과정에서 불필요한 시간 낭비를 최소화할 수 있었다.

기초는 가장 밑에 위치하기에 모든 일과 연결되지만 당장 직면한 문제 해결의 직접적인 방법은 아니다. 그래서 기초가 부실해도 그럭저럭 문제를 해결할 수 있다.

사람들은 대개 이런 이유로 기초를 간과하곤 한다. 적당히 된 것 같으니 초반만 살짝 건드리거나, 대충 훑어보고 다 한 걸로 생각해 넘어가는 것이다.

하지만 기초는 시간이 지날수록 한 사람이 더 많은 일을 할 수 있게 되면서 더욱 큰 영향력을 행사한다. 그런데 그때 가서 기초로 돌아가기에는 그만한 시간을 내기가 매우 어렵다.

그래서 결과적으로 기초를 다진 사람과 아닌 사람의 성장은 갈수록 벌어지고 만다. 그러므로 여유가 있을 때 내가 하는 일의 기초를 미리 잡아 보자. 공부의 개념, 발표나 보고서의 입장과 주장, 면접의 자기소개서처럼 모든 일에는 기초가 있다. 그 부분부터 충분히 고민해 나간다면 어떤 상황에서도 침착하게 대비할 수 있을 것이다.

끊어내기

재수를 시작하고 한창 공부하던 중, 나는 고등학생으로서 마지막 겨울방학을 맞이했다. 물론 이후 2월에 졸업식을 위해 잠시 학교에 가게 될 것이긴 했지만, 길어야 몇 주 안 되었기에 사실상 겨울방학을 맞이하면서부터 재수가 본격적으로 시작된 셈이었다.

집에만 있으면서 공부하니 학교를 다닐 때와는 또 달랐다. 학교를 다니면서는 그래도 친구들과 교류가 있었고, 모든 일정이 마무리된 이후에는 각반끼리 체험학습을 다니면서 돌아다닐 일이 제법 있었다.

그런데 겨울방학이 시작되자 친구들과 교류하거나 외부로 돌아다닐 일이 완전히 사라지면서 매일 똑같은 하루가 펼쳐지기 시작했다. 아침에 일어나서 밥 먹고 공부, 점심 먹고 공부, 저녁 먹고 공부, 잠. 다시 다음날 아침에 일어나서 밥 먹고 공부, 점심 먹고 공부… 디지털 스톱워치에 저장해둔 디데이만이 하루하루 줄어들 뿐이었다.

처음에는 이런 반복되는 일과를 열정으로 밀어붙여서 그럭저럭 이어갔다. 그런데 시간이 흐를수록 점점 좀이 쑤셔 견딜 수가 없었다. 늘 쐬던 바깥 공기를 맡을 일이 없으니 하루가 급격하게 지루해지기 시작했다.

재수를 결심하고 절대 방심하지 않겠다 다짐하며 머리를 바짝 밀기까지 했는데, 방학이 되고 지루한 시간이 이어지자 소용이 없었다.

결국 성인이 된 2020년 초, 인내심이 완전히 바닥난 나는 술을 마시자는 친구들의 연락을 받고 밤늦게까지 밖에서 술 마시고 놀았다.

당연히 내가 밤새 술 마시고 놀다가 한밤중에 귀가했다는 소식은 주변분들께 빠르게 퍼졌다. 그리고 나는 한동안 거짓말하고 피시방에 갔을 때보다 몇 배는 더 심하게 혼났다.

내가 재수를 결심한 뒤로 늘 응원만 해 주셨던 은사님께서도 나를 크게 나무라셨다. 이런 정신 상태로는 공부해 봤자 의미 없으니, 지금 관두고 다른 일이나 알아보라고까지 말씀하셨다.

사실 처음에는 고작 하루 논 걸로 이렇게까지 혼나는 게 너무 억울했다. 그동안 몇 달을 초등학교, 중학교 과정부터 다시 하느라 고생했는데, 하루 정도는 괜찮은 거 아닌가 하는 생각이었다.

하지만 그 이후 술자리 한 번이 가져온 파급효과에 생활이 완전히 망가지면서, 어른들께서 심하게 혼내신 데는 다 이유가 있다는 것을 뼈저리게 느껴졌다.

내가 친구들과 술을 마시면서 논 것은 단 하루였지만 그다음 날은 숙취로, 그 후 1~2주 동안은 수면 패턴의 붕괴로 내리 고생해야 했다.

게다가 수면패턴과 함께 집중력도 무너져서 공부를 하더라도 한동안 원래 계획했던 진도를 맞추지 못했다. 집중력 하락이 심한 날에는 평소의 1/3 정도 분량도 끝내지 못해 허덕일 정도였다.

그리고 당연하게도 그렇게 못 끝낸 공부는 다음날로 미뤄지며 계속 쌓여 갔다. 상황이 마음대로 안 풀리자, 점차 마음 한편에서 공부하기 싫다는 생각이 슬금슬금 피어올랐다. 이미 망했다고 생각하니 도저히 의욕이 나지 않았다.

결과적으로 주변분들의 도움과 밀린 진도를 완전히 뜯어고치는 과정을 통해 그런 상태를 벗어날 수는 있었다. 하지만 이미 그 과정에서 몇 주의 시간이 낭비된 후였고, 무엇보다 앞으로 이와 비슷한 일이 다시금 일어날 수 있다는 불안감이 엄습했다. 이후로도 또 비슷한 일이 벌어진다면 그때는 이번처럼 극복할 수 없을 것 같았다.

따라서 나는 은사님 말씀처럼 재수 도전이 무의미해지기 전에 무언가 새로운 조치를 취하자고 다짐했다. 그리고 며칠 동안 간단하면서도 이런 일을 미리 방지할 수 있는 효과적인 방법에 대해 혼자서도, 은사님이나 주변분들과 대화하면서도 고민했다.

그리고 마침내 기막힌 방법을 하나 떠올렸는데, 바로 '외부와의 단절'이었다. 즉 집 밖으로 나가야 할 이유 자체를 제거하여 스스로를 집에 격리하자는 전략이었다.

외부와의 단절을 위해 내가 가장 먼저 했던 일은, 옷장 속 옷들을 싹 다 치워버리는 것이었다. 나는 집에서 입을 두 쌍의 잠옷과 외출복 한 벌(은사님을 뵙거나 부모님 가게에서 일할 때 입었다)을 제외하고 모든 옷을 꺼내 옷상자에 넣어버렸다.

그리고 그 옷상자들을 선반 위쪽에 다 집어넣어서 꺼내기 어렵게 만들었다. 마침, 겨울이라 밖은 쌀쌀한데 입고 나갈 마땅한 옷이 없으니, 정말 필수적인 경우를 제외하면 자연스럽게 집 안에 있게 보내게 되었다.

나중에는 하도 집에만 있으니 동생마저 산책이라도 좀 하라고 했으나, 오히려 내가 귀찮아서 싫다고 말할 정도였다.

그렇게 옷을 정리함과 동시에, 나는 가지고 있던 핸드폰마저 바꿔버렸다. 기존에 쓰던 핸드폰도 폴더폰이라 인터넷이나 게임은 못했지만, 그 핸드폰으로 친구들과 연락해 놀러 나갔다는 점을 고려해 그것조차 위험요소라고 생각했다.

그래서 전화번호부에 있는 목록을 모두 지운 뒤 부모님께 부탁드려 다른 폴더폰으로 바꿨다. 그리고 그 후로 두 번 다시 친구들에게 전화하지 않았다.

수험 생활 내내 나를 외부 소식으로부터 차단했다. 그래서 이후로도 같은 실수를 반복하거나 불필요한 통화로 시간을 낭비하는 일 없이 공부에 전념할 수 있었다.

이처럼 나는 외출과 핸드폰을 통제하여 외부로부터 유혹거리가 접근하는 것을 효과적으로 막을 수 있었다. 그러나 이렇게 외부와 나를 단절했다고 해서 내가 공부에 전념할 수 있는 조건을 완벽히 갖췄다고 볼 수는 없었다.

외부와 나를 아무리 철저히 끊어낸다고 해도, 공부에 온전히 집중하지 못해서는 이전과 크게 다를 바가 없었기 때문이다. 그래서 나는 불필요한 곳에 관심이 가는 것을 막기 위한 노력들을 집안에서도 계속 생각해서 시도했다.

예를 들어, 나는 주변을 간소화했다. 주변이 어지럽거나 시야가 개방되어 있을수록 시선이 다른 대상으로 분산되어 집중력이 흐트러질 가능성이 높았다. 그래서 나는 항상 정리정돈에 신경 썼다.

다만 일전에 거의 강박적으로 청소하던 습관이 있었기에, 정리하는 행위보다는 눈앞에 물건을 치우는 데 집중했다. 책상 위에는 스탠드와 타이머, 다이어리처럼 자주 쓰는 책 몇 권을 제외하면 아무것도 올려두지 않았다. 그리고 나머지 방에 있는 물건은 일일이 치우기보다 책상에 큰 가림막을 설치해서 공부할 때 보이지 않게 만들었다.

다른 예로는, 씻는 횟수를 제한하기도 했다. 외부와 차단된 채 집에서만 지내다 보니, 그전처럼 씻으면 샤워 시간이 중간에 껴서 공부의 흐름이 끊긴다는 느낌을 받았다. 그래서 씻는 횟수 자체를 줄여서 흐름이 덜 끊기게 만들자는 아주 단순한 아이디어를 떠올렸다.

마침 밖에도 잘 나가지 않았고, 재수 초에 머리를 바짝 밀어버린 이후로 계속 반삭 상태를 유지했기에 이를 실천하는 건 상당히 수월했다. 그래서 그 뒤로는 하루에 한두 번 하던 샤워를 일주일에 한두 번만 하고, 나머지 날은 그저 세수로만 버텼다.

그러자 단순히 샤워 시간이 주는 것 이상의 효과를 누릴 수 있었다. 전처럼 샤워를 마치고 나서 나른하게 조는 시간도 없었고, 씻는 걸 포기하니까 그전에 깔끔떠느라 낭비되던 시간도 획기적으로 줄일 수 있었다.

게다가 누가 나를 어떻게 보든 전혀 상관하지 않게 되어서 오로지 공부만 생각할 수 있었다. 솔직히 집에만 있어서 남에게 피해주는 일도 아니었고, 적당히 신경 쓰지 않고 지내보니 못 살겠는 정도도 아니길래 재수하는 동안은 계속 그렇게 지냈다.

또한, 나는 이 기회를 통해 그동안 나를 허우적거리게 만든 게임도 끊었다. 적어도 내게 재수동안 각 과목을 공부하는 것만큼 중요한 일이 게임에서 벗어나는 것이었다. 내가 아무리 열심히 공부한다고 한들, 게임 한 번이면 원래대로 돌아가는 건 시간 문제였다.

하지만 그동안 무수한 훈계와 처벌 속에서도 게임을 끊는 데 항상 실패해 왔기에, 게임을 어떻게 끊어야 하나 늘 고민했다. 물론 재수를 시작하고 몇 달간 잘 버티고 있었지만, 빠졌던 시간이 워낙 길다 보니 고작 그 기간으로는 스스로가 게임을 극복했다고 확신할 수 없었다.

그래서 밖에 잘 나가지 않고 각종 전자기기와도 멀어지게 된 지금 확실히 게임을 잘라내자고 다짐했다. 니는 그날부로 내 시야에 게임이 들어올 가능성을 완전히 차단했다.

피치 못할 사정으로 인터넷을 쓸 때 거실에서 모두가 볼 수 있는 환경에서만 사용했고, 사용 중에 우연이라도 게임과 관련된 영상, 그림, 기사 등을 접할 수 있는 사이트들은 최대한 피했다.

한편 뭔가 게임을 연상하게 만드는 물건이 있다면 눈에 띄는 즉시 옷처럼 안 보이는 곳에 다 넣어서 치워버렸다. 그리고 혹시 외출할 일이 생겨서 밖에 나가게 되어도 피시방은 무조건 피해 다녔다. 대개 피시방이 길 위에 있으면 옆길로 돌아갔고, 도저히 피할 수 없을 때는 피시방 반대 방향을 바라본 채 빠르게 지나쳤다.

마치 반도체 공장에서 먼지 한 톨도 용납하지 않는 것처럼, 내 재수 공간에서 게임은 일 픽셀도 용납되지 않는 셈이었다. 이런 노력 끝에 나는 마침내 게임과의 질긴 악연을 끊어낼 수 있었고, 그 뒤로 게임은 더 이상 문제가 되지 않았다.

[성장의 조건 #5]

다섯 번째 조건, 단절

예전에 주변 어른들께서 종종 하셨던 말씀이 '몸에 좋은 걸 먹는 것보다 몸에 안 좋은 걸 먹지 않는 것이 건강에 가장 좋다.'였다. 나는 이 말이 비단 건강뿐 아니라 어떤 일에도 적용가능한 보편적 사실이라고 확신한다.

내 정신을 빼앗는 대상을 끊어내는 것이 도움이 되는 대상을 확보하는 것보다 훨씬 중요하다. 대부분의 사람들이 할 일을 못 하는 것은 아무런 의욕이 없기 때문이 아니다. 그보다는 자신이 해야 할 일보다 더 재미있는 무언가 그 옆에 존재한다는 것이 문제다.

사람마다 즐기는 취미는 천차만별이겠지만, 그런 활동이 시간, 정성, 돈 같은 한정된 자원을 빨아들이다 보니 상대적으로 공부나 일을 할 시간이 없는 것이다. 그래서 어떤 분야에서 성장하고 싶다면 다른 무엇보다 단절에 신경 쓸 필요가 있다.

단절은 곧 의지력을 확보하는 일이다. 대학에서 수험 생활과 관련해 이야기를 나누다 보면 사람들 중에는 내가 강한 의지력을 지녔기에 변화할 수 있었다는 식으로 말하는 사람들이 종종 있다.

물론 나도 그 사람들이 어떤 근거로 그렇게 생각하는지 잘 안다. 공부하기 전까지는 아무리 게임을 끊으려고 해도 단 한 번을 성공하지 못했고, 나 역시 그런 일은 의지력이 강한 사람들만 성공할 수 있다고 믿었기 때문이다.

하지만 분명히 말하지만 그런 판단은 완벽히 틀린 귀납이다. 내 눈길을 끄는 대상을 눈앞에서 완전히 치우는 데 드는 의지력보다, 그 대상을 눈앞에 둔 채로 일이나 공부하는 데 드는 의지력이 몇 배는 더 많이 필요하다.

내가 밖에도 안 나가고, 머리도 밀고, 게임도 끊고, 뭐 기타 등등 갖가지 행동수칙을 만들어 지켰더라도, 집에 자유롭게 게임할 수 있는 컴퓨터나 스마트폰을 한 대 두고 공부하는 것에 비하면 별일 아니다.

나는 의지력이 특별히 강한 사람이 아니라, 그저 의지력의 낭비를 막았던 사람이었다고 보는 것이 옳다(애초에 내 의지력이 그렇게 강했으면 게임에 빠지는 일 자체가 없지 않았을까?).

그런데 자신이 무기력해서, 의지력이 약해서 공부나 일을 못한다고 하는 사람들을 보면 대개 주변에 유혹거리가 가득하다. 그런 것들을 주변에 두고 적당히 즐기면서 성장할 수는 없다.

따라서 적어도 현재 상태에서 한 단계 나아가길 바란다면, 내 주변에 있는 유혹거리를 단칼에 잘라내야 한다. 하지만 대학을 다니거나 사회에서 생활하면 스마트폰, 컴퓨터를 꼭 사용해야 하기 때문에 모든 유혹거리를 물리적으로 다 차단하는 것은 현실적으로 어려울 때가 많다.

그럴 때는 타인에게 도움을 청하든, 도서관이나 독서실에 가서 공간의 힘을 빌리든, 차단 앱을 사용하든 간접적인 방식으로 대상을 차단하면 된다. 나 역시 수험 생활이 끝나고 난 뒤에는 손 닿는 곳에 있는 스마트폰 때문에 꽤나 고생했지만, 학교 도서관에 가거나 룸메이트와 서로를 감시해주면서 통제할 수 있었다.

또한, 단절과 관련해 많이 오해하는 것이 단절 대상은 점진적으로 끊어내는 것이 더 쉽다는 생각이다. 흡연자들이 금연을 시도할 때 가장 많이 꺼내는 말이 '연초부터 끊고'다. 연초의 대체재로 전자담배를 피우다가, 적당한 때에 전자담배도 끊겠다는 주장이다.

하지만 점진적으로 단절을 시도하면 사실상 끊어내야 할 대상을 여전히 옆에 둔 채로 사는 것이다. 그러면 앞서 말했듯 더 많은 의지력을 투자해 견뎌야 한다. 그래서 그런 점진적인 단절은 즉각적으로 단절하는 것보다 더 어려운 일이다.

그럼에도 사람들이 점진적인 단절이 더 쉽다고 추측하는 것은 단기적으로 받는 스트레스가 덜하기 때문이다. 이미 그 대상이 머릿속에 강하게 새겨져 있기 때문에 당장 대상을 끊더라도 계속 그 대상이 떠오른다.

중간에 다른 사람이 그걸 즐기고 있는 모습이라도 보면 그 정도는 더욱 심해진다. 그렇기에 이를 참는 과정에서 즉각적인 단절은 순간적으로 스트레스를 유발한다.

그러면 머릿속에 꼭 이렇게까지 해야 하나 싶은 생각이 들면서, 에라 모르겠다 하는 마음에 포기하게 되는 것이다.

하지만 여기에는 생각보다 간단히 해결책이 존재한다. 바로 나 스스로를 매우 바쁘게 만들면 된다. 나 역시 게임을 끊어내자마자 모든 게 해결되지 않았다. 오히려 게임은 한동안 꿈에도 나오면서 나를 괴롭혔다.

그러나 나는 다시 게임을 켜는 대신 감당하기 살짝 힘든 공부량을 스스로에게 끊임없이 요구했다. 그날 해야 할 분량을 공부하는 것만으로도 너무 바빠서 자연스럽게 단절을 유지할 수 있게 만든 것이었다. 나는 잠깐의 여유 시간에도 계속 뭐라도 들고 있었다.

오늘 해야 할 공부 외에 다른 고민은 불필요했고, 지루함을 느끼거나 한눈팔 시간은 없었다. 이런 자세 속에서 나는 의식적으로 단절을 시도하는 것이 아니라, 각 대상들을 자연스럽게 멀리할 수 있었다. 핵심은 무언가를 끊어내기 위해 노력한다고 생각하기보다, 불가피한 사정으로 할 수 없게 만드는 것이다.

단절은 단기간의 노력으로 극적인 변화를 불러올 수 있는 행위다. 그러므로 나의 시선을 빼앗는 대상이 주위에 있다면 한 번쯤은 모든 수단을 동원해서 단절해보자.

그러면 처음에는 그 시도만으로 고통스럽게 느껴질지 몰라도, 나중에는 힘든 고비가 찾아올 때마다 나를 지탱해주는 충만한 의지가 느껴질 것이다.

계획하기

처음 공부를 시작한 뒤로 두세 달 정도의 기간은 정말 바빴지만, 해야 할 공부가 복잡하지는 않았다. 그저 영어, 수학의 부실한 기초를 보완하고, 그 과정에서 낭비되는 시간을 최소화하는 게 전부였기 때문이다. 이 정도 수준의 공부는 절대적인 시간을 채워 넣으면 충분히 할 수 있었다.

그래서 재수 초반에는 계획을 짜더라도 다이어리를 적으면서 상황에 맞게 정리해두는 정도로 작성했다. 하지만 이후 2월에서 3월로 넘어갈 즈음 본격적인 공부가 시작되니 상황이 달라졌다.

11월부터 시작한 수학과 영어의 경우에는 이미 여러 문제집을 거치면서 중학교 과정까지 마무리하고, 그 수준을 고등학교 과정으로 높여야 했다. 그와 동시에 지금껏 후순위로 미뤄뒀던 나머지 네 과목들(국어, 한국사, 사회 탐구 두 과목) 역시 더 늦기 전에 시작해야 했다.

이처럼 챙겨야 할 항목들이 다양해지자 기존 방식으로 계획을 짜는 것이 어려워졌다. 과목마다 진도도 다르고 들여야 하는 시간도 달라서 매일 정확히 무엇을 얼마나 해야 하는지 쉽게 가늠할 수 없었다. 그래서 나는 계획의 필요성을 느끼고 보다 정교한 계획을 짜기 시작했다.

내가 새롭게 계획을 짤 때 염두에 둔 것은 크게 세 가지였다. 첫째, 너무 과하거나 적은 계획은 지양한다. 계획이 너무 과하면 계획을 어겨도 별로 대수롭지 않게 여길 것이었고, 계획이 너무 적으면 딱 그만큼만 노력해서 절대적인 공부 시간이 부족할 것이었다. 그렇게 되면 시간을 들여 더 정교한 계획을 짜는 이유가 없어질 터였다.

그래서 현실적인 계획을 세우되 스스로가 충분히 할 수 있는 수준보다 1~2가지 목표가 더 있게 했다. 계획을 이행함에 있어 적당히 도전적인 상태를 유지하여 스스로가 최대한 공부에 집중할 수 있도록 만들기 위함이었다.

둘째, 전체 분량을 염두에 두고 계획을 세운다. 사실 초반에는 해야 할 공부가 단순하기도 했지만, 스스로가 무엇을 얼마나 공부하면 될지 예상하는 데 필요한 데이터가 부족하기도 했다. 그래서 그때는 전체를 가늠해 계획을 짜면 몇 번이고 우그러져서 다시 짜는 데 너무 많은 시간이 낭비되었다.

하지만 이제 기초를 공부하면서 스스로의 실력과 감당할 수 있는 분량을 얼추 알고 있었다. 그렇기에 진도를 나가기 전에 미리 책을 훑어보면서 어느 속도로 진도를 나가면 좋을지, 어느 시점에 잠깐 쉬면서 복습을 진행할지 파악할 수 있었다.

그래서 나는 전체 분량을 쪼개는 방식으로 계획을 짜고자 했다. 그러면 그때그때 계획을 짤 때보다 훨씬 체계적으로 공부할 수 있었고, 그렇게 정해진 공부로 진도를 나가는 데 드는 에너지를 최소화할 수 있을 것이었다.

셋째, 정기적으로 진행 상황을 피드백해 계획을 수정한다. 계획은 한 번 짠다고 끝이 아니었다. 오히려 주기적으로 과한 부분은 덜어내고 부족한 부분은 채우면서 수정해가는 하나의 과정이었다.

아무리 자신의 수준을 잘 안다고 해도 공부하는 과정이 어떤 식으로 전개될지 완벽하게 예측할 수는 없기에, 기존의 계획을 적절히 수정하는 과정을 더욱 세심히 해 줄 필요가 있었다.

본래부터 계획을 세우면서 살던 처지이 아니었기에 이러한 기준들을 마련하고 실행하는 데에는 여러 시행착오가 있었다.

앞서 말했듯 처음에는 일간 계획만 세웠고, 이후 과목이 늘어나면서 한계를 느꼈다.

그래서 그 뒤로는 일주일 단위로 계획을 세웠다. 확실히 일주일 단위로 계획을 세우니 진도가 어떻게 나갈 것인지를 고려할 수 있게 되었고, 계획을 피드백하고 수정하기가 훨씬 쉬웠다. 하지만 주간 계획 역시 3월쯤 기존 공부에 문제 풀이(수능특강, 기출, 기타 문제집)가 더해지자, 한계에 봉착했다.

이에 나는 고민 끝에 교재마다 전체 분량을 파악하고 그에 맞춰 월, 주, 일 단위로 계획을 수립하는 방법을 고안했다. 모든 책은 시작 전에 전체 페이지, 문제 수, 단원 등을 기준으로 잡고 빠르게 훑어보며 큰 틀을 확인했다.

그리고 그에 기반해 이 책이 며칠 정도 걸릴 교재인지를 가늠한 뒤, 이를 이용해 예상 종료 일자를 계획표에 간단히 표시해서 월간 계획을 세웠다. 다음으로 같은 계획표에 일주일치 분량의 구체적인 문제 번호나 페이지를 자세히 적어서 주간 계획을 세웠고, 이를 매일 잠자기 전 다이어리에 옮겨 다음날 분량의 계획을 세웠다.

이러면 해당 교재가 끝내는 날이 대강 언제인지 파악할 수 있어 다른 교재를 풀거나 복습 계획을 세우기가 수월했다. 그리고 분량을 일관된 기준으로 측정했기 때문에 예상치 못한 변수가 생겨도 계획을 수정하기가 용이했고, 아예 새로운 계획을 짜야 하는 상황이 와도 새 계획표만 인쇄하면 되어서 편했다. 나는 매주 일요일마다 계획표를 점검하고 수정하는 시간을 보냈다.

또한, 이렇게 작성한 계획을 매일 아침, 저녁으로 일기를 쓰면서 이중으로 피드백했다. 아침 일기는 주로 가볍게 계획을 점검하고 의지를 다지는 용이었고, 저녁 일기는 하루에 대한 총평을 남기고 계획에 대한 생각을 남기는 용이었다. 그리고 이렇게 매일 기록한 일기들을 일요일 저녁마다 보면서 계획을 작성할 때 반영했다.

이 같은 방법으로 나는 수험 생활 동안 매일 정해진 계획에 따라 움직였다. 그리고 과목마다 다양한 교재가 들어오고 나가는 와중에도 안정적으로 공부시간을 유지했다.

게다가 계획을 지속적으로 피드백하는 과정에서 하루 공부 시간이 일정한 수준에 수렴한다는 점도 확인했다. 그래서 나중에는 이 시간을 참고해 쉬는 시간과 공부 시간을 적절히 배분하여 수험 생활을 더 효율적으로 만들었다.

[성장의 조건 #6]

여섯 번째 조건, 계획

단절과 같은 방식으로 온전한 시간을 확보했다고 해도, 그렇게 얻은 시간을 적절히 사용하지 못하면 달라지는 것은 아무것도 없다. 그래서는 아래에 구멍이 뚫린 자루에서 내용물이 줄줄 새는 것처럼, 내가 의식하지 못하는 사이 귀중한 시간이 하루 곳곳에서 낭비될 것이다.

따라서 우리는 계획을 통해 일상을 끊임없이 깎아 나가야 한다. 출발에 앞서 어떻게 나아갈지를 정리하고, 직접 나아가는 과정에서 필요한 수정을 해주면 내게 주어진 시간을 보다 온전히 나의 성장에 쏟을 수 있다. 그런 점에서 계획은 오늘보다 더 나은 내일을 만드는 가장 확실한 성장 방법이다.

만약 계획을 세워 보기로 마음먹었다면 일단 본인의 평소 스타일에 맞는 방식을 찾아봐야 한다. 나의 경우 월간, 주간, 일간 계획을 페이지 수까지 체크해서 매우 세밀하게 짜두는 스타일을 선호했지만, 사람에 따라서는 그런 계획이 지나치게 복잡하거나 계획 세우기에 불필요한 시간 낭비를 유발한다고 생각할 수도 있다.

그런 경우에는 대강 오늘 해야 할 일이 무엇이고, 각 일들을 언제까지 끝내야 하는지 정도만 확인하는 식으로도 계획을 세울 수 있을 것이다. 중요한 것은 깔끔하고 예쁜 계획표 만들기가 아니라 만든 계획표를 가능한 그대로 실천하기다.

따라서 특정한 계획 방식보단 계획한 대로 실천하면서 지속적으로 실패하거나 부족하다고 느껴지는 부분을 조정하는 과정에 더 집중해야 한다.

다만, 자신의 수준을 찾아가는 과정에서는 꼭 필요한 계획 수정과 강박적 계획 수정을 반드시 구분해야 한다. 강박에 빠지면 지키지 못한 계획을 그대로 놔두지 못하고 일주일에도 몇 번씩 계획을 수정한다.

나의 경우에는 본격적으로 공부를 시작할 무렵 스스로의 수준을 정확히 파악하지 못한 상태에서 이러한 강박에 빠졌다. 그래서 월간 계획을 도입하기 전까지 일주일에 서너 번은 30분 이상 계획표를 고치고 있었다. 하지만 그렇게 계획표를 고치는 시간은 성장에 아무런 도움이 되지 않는다.

오히려 그 과정에서 페이지나 문제 수를 다시 확인하고 계획에 옮겨 적는 것처럼 불필요한 과정에 시간만 낭비되고 만다. 그러므로 계획을 조정하는 것 역시 어디까지나 계획을 실천하는 데 도움이 되는 수준으로 진행해야 한다.

우리의 마음은 처음에는 강한 의지를 가지고 있지만 시간이 지날수록 빠르게 약해진다. 계획은 이에 따라 생각과 행동에 간극이 생기는 것을 최소화할 수 있는 방법이다.

조금 불완전한 계획일지라도 나아가야 할 방향을 대략 정한 뒤 일단 그대로 행동하면서 조금 지켜보면, 그 과정을 통해 어렵지 않게 고쳐야 할 부분을 확인할 수 있다. 그러면 이후에 그러한 부분을 조금씩 개선해 나가면 된다.

이러한 과정에서 도움이 되는 것은 기록하는 습관이다. 아침, 저녁으로 10분 정도만 투자해서 일기를 써도 좋고, 그때그때 떠오른 생각을 짧게 메모해도 좋다.

그렇게만 해줘도 그 모든 기록이 이후 계획을 세울 때 매우 유용한 근거가 된다. 사람의 기억은 단 며칠만 지나도 대부분이 휘발된다.

그래서 일주일 단위로 계획을 수정한다고 쳐도 평일에 진도를 나가는 과정에서 무슨 일이 있었는지 정확히 기억하지 못한다. 이때 그날 벌어진 일과 나의 생각을 정리한 기록이 있다면, 불확실한 기억에 의존하지 않고도 계획을 세울 수 있다.

만약 혼자 계획을 세우는 것이 어렵다면 다이어리를 한 권 구매하거나 인터넷에서 양식을 출력해 시작해보자. 또는 늘 가지고 있는 스마트폰에 달력이나 각종 일정 앱을 다운받아서 온라인으로 작성해도 좋다.

나 역시 대학에 온 뒤로는 다이어리를 들고 다니기가 까다로워서 평소에는 핸드폰 일정표와 메모장을 활용해 계획을 세우고, 시험기간처럼 필요할 때만 종이에 정리하고 있다.

하루에 10분, 수정이 필요해도 30분 정도만 투자하면 충분하다. 그 시간이면 성장을 향한 과정을 더 효과적으로 만들 수 있을 것이다.

루틴대로

1년 동안 하는 수험 생활은 결코 적은 시간이 아니었다. 공부를 하고 있으면 밖에는 사계절이 한 바퀴 돌았다. 당연히 그렇게 긴 기간인 만큼 무수히 많은 방해꾼들이 존재했다.

그중에는 게임처럼 경각심이 확 드는 대상도 있었지만, 반대로 너무 사소하거나 은밀해서 당하고 나서야 아차 싶은 대상들도 여럿 있었다.

수능을 치기 직전까지 잠과 사투를 벌였다. 나는 재수를 시작한 초반부터 은사님께 잠의 중요성을 여러 번 들었기에, 어떤 일이 있어도 잠만큼은 충분히 챙기려고 노력했다.

보통 밤에 6~7시간 정도는 반드시 잘 수 있도록 했고, 혹 몸이 안 좋아질 것 같으면 충분한 시간을 더 자주었다. 또, 낮에 공부하다 어떤 방법으로도 피곤함이 가시지 않으면 그 즉시 낮잠을 15~30분 정도 취했다.

그러나 그렇게 잠을 관리했음에도 식후나 2~3시쯤 되어 나른한 오후(특히 여름철 오후)가 오면 눈치챌 틈도 없이 고개가 꺾였다.

또 다른 방해꾼으로는 잡념과 잡담이 있었다. 재수와 동시에 갑작스럽게 게임도 끊고 전자기기도 가까이하지 않아서 그랬는지 몰라도, 내 머리는 종종 어처구니없는 상상을 펼쳤다. 영어를 공부하다가 과일에 대한 지문을 읽으면 갑자기 알고 있는 모든 과일들을 떠올리면서 가장 맛있는 과일이 무엇인지 고민하는 식이었다.

게다가 재수를 하고 있는 내 옆에는 동생이라는 좋은 말 상대가 있었기에, 나는 보통 이런 상상에 동생을 끌어들여 서로 몇십 분씩 영양가 없는 토론을 이어갔다. 유치하기 짝이 없는 행동이었지만 아무런 유희거리가 없는 재수생에게는 그마저도 마냥 재미는 일이었다.

그러나 문제는 그 가볍고 무의미한 상상과 대화를 하느라 시간을 허비하고, 그로 인해 공부 흐름이 자꾸 끊긴다는 점이었다.

나는 이 방해꾼들을 어떻게 없앨 수 있을지 고민한 끝에 은사님께서 예전부터 알려주셨던 루틴을 활용하기로 결심했다. 루틴은 일정하게 정해진 행동 패턴으로서, 한 번 루틴화된 행동은 별다른 수단 없이도 쉽게 반복할 수 있었다. 그래서 이런 루틴을 활용하면 아무리 알아채기 힘든 문제일지라도 효과적으로 해결할 수 있을 것이었다.

그래서 나는 우선 발견한 문제를 해결하는 데 루틴을 활용했다. 예를 들어, 졸릴 때는 무작정 낮잠을 자는 대신 잠을 깨우는 루틴을 만들었다.

나는 졸음이 오거나 졸릴 시간대가 되면 방안을 서성이거나 몸을 좌우로 흔들면서 공부했다. 잠이 오는 걸 막을 수는 없어도 몸이 잠드는 건 막아보자는 생각이었다. 그리고 이 방법이 실패하면 최후의 수단으로 15~30분 정도 낮잠을 잤다.

이를 통해 식곤증 같은 일종의 거짓 피곤함에 속아 불필요하게 낮잠 자는 일을 막을 수 있었다. 나의 경우 과하게 잠을 자면 한동안 머리가 멍해서 공부에 집중할 수 없었기에 그만큼 시간을 확보한 셈이었다. 그리고 중간에 낮잠으로 공부가 끊기는 일 없이 이어갈 수 있어서 더 높은 집중력을 발휘할 수 있었다.

또한 잡념과 잡담의 경우, 그런 생각이나 말이 많은 시간대(식사 전후, 잠들기 1~2시간 전 등)에 속도감 있는 공부를 수행하는 루틴을 만들었다. 예컨대, 잘 시간이 얼마 남지 않았다면 마무리 공부로 영어 단어 책을 빠르게 한 번 봐주는 식이었다.

이렇게 하면 당장 눈앞에 놓인 대상을 신속하게 끝내느라 잡다한 게 들어올 틈이 자연스럽게 막아졌다. 그래서 일일이 해결하는 게 불가능한 잡념과 잡담을 효과적으로 관리할 수 있었다.

그러나 이러한 문제 해결은 루틴이 가진 효과의 한 가지 예시에 불과했다. 루틴의 핵심은 어떤 일을 굳이 의식하지 않아도 습관처럼 하게 만드는 데 있기에, 필요하다면 사실상 하루 전체를 루틴으로 만들 수도 있었다.

실제로 나는 수능 시험에 익숙해지고자 3월부터 수능 시간표를 기준으로 공부 루틴을 만들어 생활했다. 기상 직후부터 오전 8시 40분까지는 보통 책을 읽거나 전날 해결하지 못한 문제를 풀면서 가볍게 머리를 깨웠다. 그리고 이후 오후 2~3시경까지는 수능 시간표에 따라 국어, 수학, 영어를 진행했다.

물론 아직 수능까지 기한이 넉넉히 남았을 때는 각 과목의 순서를 수능 시간표에 맞춰 정하거나, 1교시 시간에는 꼭 국어를 챙겨서 푸는 식으로 융통성 있게 시간표를 따랐다. 그러나 뒤로 갈수록 가급적 쉬는 시간까지 조절하면서 매일 같이 해당 시간표를 몸에 익히고자 했다.

이처럼 수능 시간표에 따라 루틴을 만들고자 하는 노력은 모의고사에서도 이어졌다. 나는 각종 교육청, 평가원 모의고사가 본격적으로 실시되기 전인 3월 초부터, 일요일마다 실제 시간에 맞춰 기출이나 사설 모의고사를 풀었다.

다만 이 경우에는 수능 당일에도 따를 수 있을 만큼 정교한 루틴을 만들겠다는 생각으로, 수능장에서 내가 접하게 될 모든 환경을 최대한 유사하게 만들고서 시험을 쳤다.

예를 들어, 모의고사를 푸는 동안에는 미리 정해둔 타이밍에 수능 당일 가져갈 아날로그 시계로 시간을 봤고, 시험지는 실제 사이즈에 맞춰 인쇄한 뒤 좁은 학교 책상에서 풀듯이 봤다.

이러한 노력으로 나는 3월부터 이미 수능 시간표에 서서히 적응해갔다. 나중에는 화장실마저 저절로 수능 시간표상 쉬는 시간일 때 가게 되었다.

그래서 홀로 집에서 공부하느라 자칫하면 실전 감각이 크게 떨어질 수 있는 상태였지만, 수험 생활 내내 전혀 걱정하지 않을 수 있었다.

[성장의 조건 #7]

일곱 번째 조건, 루틴

루틴은 습관의 힘을 의도적으로 활용하는 행위이다. 그리고 습관의 힘은 곧 효율적인 에너지 사용을 의미한다. 아침에 별일 없이 집에서 눈을 뜬 우리는 늘 하던 대로 움직인다.

그 움직임에 별다른 사고과정은 굳이 필요하지 않다. 이미 수년간 살아오면서 해오던 대로 움직일 뿐이다.

그 덕에 양치를 하면서 오늘은 어떤 일정을 소화해야 하는지 머릿속에서 대강 정리할 수 있고, 옷을 입으며 몇 시에는 나가야 할지 따질 수 있다. 늘 해오던 행동에 에너지를 쓰지 않고 다른 생각에 자유자재로 활용하는 것이다.

바로 이것이 습관이 우리에게 주는 힘이다. 우리가 아침에 눈을 뜨고 침대에서 일어나는 순간부터 모든 행동을 생각하며 움직여야 했다고 생각해보자. 우리는 분명 오후가 되기도 전에 지쳐서 다시 침대로 돌아가야만 했을 것이다.

루틴은 이러한 습관의 힘으로 성장을 돕는다. 성장 과정은 대개 계단 형태처럼 느껴진다. 일정 기간 변화가 있는 듯 없는 듯한 순간이 이어지다가 어느새 돌아보면 한 단계 성장한 자신을 마주하게 되는 것이다.

그런데 그 지지부진한 기간이 처음에는 생각보다 길다는 게 문제다. 나중에 성장 과정이 궤도에 오른다면 그 기간도 비교적 안정적으로 넘어갈 수 있지만, 초기엔 언제 끝날지 감도 안 오고 이렇다 할 변화도 없으니 쉽게 회의감이 든다.

그러다 보니 대부분의 사람들이 제대로 성장해보기도 전에 나아가다 지쳐서 더 노력하는 것을 포기한다. 하지만 그 과정을 견디는 데 있어 루틴을 활용한다면, 지치고 회의감이 들 법한 순간에 늘 해오던 대로 움직일 수 있다.

다른 사람들이 불안과 이런저런 생각에 에너지를 낭비하고 있을 때, 루틴대로 움직이는 사람은 그저 해야 할 일을 처리한다. 그리고 그런 시간이 쌓여 감에 따라 그들은 자연스럽게 남들이 무너졌던 지점을 지나 성장을 향해 나아간다.

그렇다면 가장 좋은 루틴이란 존재할까? 성장을 향해 나아가는 데 있어 누구에게나 도움이 될 법한 근사한 루틴이 있다면 그것이 가장 좋은 루틴일 것이다.

그러나 아쉽게도 그런 정답 같은 루틴은 없다. 아침에 침대에서 일어나면 누구는 화장실부터 가고, 누구는 물 한 잔부터 마시고, 누구는 몸무게부터 재보는 것처럼, 루틴 역시 한 사람의 생활 방식, 하는 일, 상황, 환경 등에 따라 세부적으로 달라진다.

그렇지만 대부분의 첫 아침 활동이 혼자서 가볍게 실천한다는 공통점이 있듯이, 루틴 역시 보편적으로 유익한 특징을 생각해 볼 수 있다. 그리고 이에 대해 나는 유익한 루틴이라면 내가 성장하는 수준에 맞춰 차츰 다양해지고, 디테일해져야 한다고 생각한다.

루틴이 곧 에너지를 원하는 곳에 할당하여 성장을 돕는다면, 내가 성장함에 따라 늘어난 능력치에 비례해 루틴 또한 더 많은 범위를 보완해 줄 수 있어야 할 것이다.

재수 초기에 11시에 취침하고, 7시에 기상하여 수면 시간을 8시간으로 고정하는 루틴을 세웠었다. 하지만 이후 수험 생활에 적응하면서 차츰 밤에 자는 시간을 줄여도 공부하는 데 지장이 없다는 느낌을 받았다.

그래서 나는 기존 루틴을 수정해 12시에 취침해서 6시에 기상하되 중간에 낮잠을 15분 자주는 형태로 바꿨는데, 결과적으로 이를 통해 집중력이 좋은 아침 시간과 마무리를 위한 밤 시간을 확보하여 더 수월하게 하루 진도를 나갈 수 있었다.

반복 또 반복

수험 생활의 전반적인 틀을 교정하는 데 루틴이 있었다면, 공부 수준을 한층 끌어올리는 데는 반복 학습이 있었다. 사실 독학하는 처지에서 반복은 선택이 아닌 필수였다.

내게 존재하는 건 시중에 나와 있는 교재들이 전부였기 때문에, 모르는 개념이나 문제가 나오면 기본적으로 수차례 반복해 보면서 여러 방면에서 뜯어봐야 했다. 단어나 문법, 한국사, 사회 탐구처럼 애초에 암기해야 하는 것들은 더더욱 반복만이 답이었다.

그래서 나는 마치 루틴을 짜듯 어떤 과목을 공부하더라도 반드시 여러 번 반복하는 계획을 세웠다.

예를 들어, 수학의 경우 개념서를 공부하든 문제집을 풀든 무조건 이해가 전제되어야 했다. 따라서 처음부터 양치기를 진행하는 것이 아니라, 우선 개념서를 보며 활용할 수 있는 공식들을 숙지하고 문제집으로 넘어가 문제를 풀었다.

이때 수학은 다른 과목들과 달리 풀이 과정을 무조건 쓰면서 풀어야 한다는 점을 고려해, 개념서 속 공식을 공부할 때는 눈으로만 보지 않고 직접 손으로 필사하고 한 단계씩 과정을 도출해가며 암기했다.

그러자 처음 1~2회독 때만 해도 너무 느리거나 공식을 도출하는 데 자주 버벅거렸지만, 이후 개념서를 10회독 정도 돌린 6월부터는 안 보고도 개념서 전체를 순서대로 적을 수 있을 정도가 되었다.

그리고 개념서를 어느 정도 읽은 뒤로는 문제집을 함께하면서 그렇게 외운 공식들을 문제 풀이에 직접 대입하고 그 이유를 스스로 따졌다.

그전에 수학이 막막했을 당시에는 문제의 형태를 보고 외워둔 공식을 생각해 그대로 대입하려고 했다면, 이제는 문제 속에 있는 조건을 정리한 뒤 필요한 공식을 생각해서 차례로 적용하는 느낌이었다.

당연히 문제 자체를 분석하는 눈도 좋아졌고, 문제 풀이에 대한 명확한 이유가 생겼기에 풀이의 일관성과 내가 선택한 방법에 대한 자신감도 크게 높아졌다.

물론 그렇게 개념서를 여러 번 공부하고 문제 풀이를 직접 생각하며 접근했음에도, 정말 끝까지 풀리지 않는 문제들 또한 많았다. 아마 그전의 나였다면 절대 풀 수 없는 수준이라고 생각한 뒤, 곧장 답지를 펼쳐서 그 속에 있는 풀이 과정을 외웠을 법한 문제들이었다.

하지만 개념과 여러 문제들을 반복해서 보면서 수학 실력이 변화하는 것을 경험한 이후로, 나는 그런 문제들을 오히려 귀하게 여기기 시작했다.

그쯤 나는 바구니를 하나 구해서 책상 서랍장 구석에 넣었다. 그리고 그 안에 끝내 풀 수 없었던 문제들을 따로 인쇄해서 다 집어넣었다. 그리고 아침에 여유가 있는 시간이나 수학 공부를 하기 전에 랜덤으로 몇 개씩 꺼내서 다시 풀어보며 반복해서 고민했다.

그렇게 했는데도 몇 번씩 안 풀리는 문제들은 다시 큼지막하게 인쇄해서 책상 옆 벽에다 붙여두고, 아침에 일어나자마자 30분 정도 보면서 계속 도전했다.

그러면 70% 정도의 문제들은 답지의 도움 없이도 스스로 해결할 수 있었고, 남은 30% 정도의 문제들은 해설서에서 한두 줄 정도의 힌트만 얻어서 풀어낼 수 있었다.

물론 그 과정에서 한 문제를 푸는 데 걸리는 시간이 상당히 길었기 때문에, 그런 도전이 곧바로 수학 점수의 향상으로 이어지지는 않았다.

하지만 이런 고민들이 쌓여갈수록 문제를 접했을 때 어떻게 풀 것인지에 대한 아이디어가 머릿속에 쌓여갔다. 그래서 이후 완전히 새로운 문제를 만났을 때 그런 아이디어로부터 차분하게 풀이과정을 생각할 수 있었다.

다음으로 영어와 국어의 경우에는, 언어 과목의 특성상 암기와 이해의 비중이 비슷했다. 영어는 일단 문법과 단어가 암기되어 있어야만 다음 단계인 독해와 듣기로 넘어갈 수 있었고, 국어는 독해와 함께 어휘, 문학 용어, 문법에 대한 암기가 필수적이었다. 그래서 나는 이 항목들 역시 반복 학습으로 하나하나 해결하기 시작했는데, 그 시작은 영단어 암기였다.

나는 영단어를 반복하는 데 단어 책 한 권을 기준으로 삼고서 영단어를 공부할 때마다 단어 책을 통으로 회독했다. 이는 단어처럼 맥락이라고 볼 게 딱히 없는 대상들을 공부할 때 가볍게 읽되 회독 수를 극한으로 가져가는 방법이었다.

보통의 암기 방법이 하루씩 내용을 소분해서 최대한 완벽하게 외우고 넘어가는 것을 목표로 하는 반면, 이 방법은 하루에 단어 책을 최대한 많이 훑어보면서 익숙해지는 것을 목표로 했다. 암기는 그렇게 했는데도 잘 안 외워지는 애들만 추려서 진행하면 충분했다.

이렇게 보면 과연 가능한 공부 방법일까 싶을 정도로 무모해 보이지만, 의외로 이 방법은 내용이 간단하고 일률적으로 제시되는 단어 책에 잘 어울렸다.

게다가 단어 책을 통으로 보는 과정에서 그 구조 자체에 익숙해졌기 때문에 갈수록 드는 시간이 단축되었다. 처음에는 모르는 단어가 워낙 많고 단어를 읽으면서 모르는 발음이나 철자를 계속 확인해야 했기에, 하루 종일 단어 책만 붙들고 있어도 5회독을 하기가 힘들었다.

하지만 꾸준히 회독을 거듭해서 단어 책에 있는 단어들이 눈에 익기 시작하면 한 번 회독하는 데 드는 시간은 갈수록 떨어졌다.

나의 경우, 가장 먼저 시작했던 중학교 영단어의 경우 1월 중반 정도 되었을 때 이미 50회독을 훌쩍 넘긴 상태였고, 그때부터는 고등학교 영단어와 함께 진행해도 전혀 무리가 없었다. 그리고 이후 중학교 영단어와 고등학교 영단어를 모두 100회독 이상 했을 때부터는 두 권을 보는데 1시간이면 충분했다.

영문법과 국어(문법, 문학 용어, 어휘) 암기는 중학교 영어 단어를 마칠 즈음 시작했다. 수능에서 이 항목들은 영단어만큼 문제 풀이에 치명적이지 않았기에 모두 일정 기간을 잡고 적게는 2회독(국어 어휘, 문학 용어), 많게는 10회독(영어 문법, 국어 문법) 정도만 봐주었다.

대신 영단어는 재수 동안 여러 단어 책을 총 200번 넘게 회독했음에도 필사를 한 적이 거의 없을 정도로 속도를 중시했지만, 이들은 적게 보더라도 회독마다 전체 부분에 대한 필사를 진행하면서 한 번 볼 때 내용을 최대한 확실하게 짚고 넘어갔다.

그러자 3월부터는 이러한 기본적인 내용들은 매일 조금씩 복습하거나 일정 기간을 두고 다시 공부해도 충분할 정도로 단련되었고, 나는 그 즈음부터 미루고 있었던 영어 독해 및 듣기, 국어 독해 연습을 본격적으로 시작할 수 있었다(물론 이러한 문제집들도 2~3회독은 기본으로 반복했다).

마지막으로 한국사, 사회 탐구 같은 과목들은 순수 암기에 점수가 달려 있었다. 이들의 승부수는 얼마나 많은 내용을 머릿속에 집어넣어서 실전에서 기억할 수 있느냐에 달려 있었다.

그래서 나는 이러한 암기 과목의 경우 국어, 영어, 수학 실력이 어느 정도 상승했을 때 시작하되(4월 말경), 최대한 적은 시간에 빠르게 개념을 정리하고 문제를 푸는 데 집중했다. 이들은 어차피 내용이 한정되어 있어 여러 문제에서 같은 내용이 반복적으로 제시되었기 때문에 굳이 풀었던 문제집을 또 풀 필요는 없었다.

따라서 나는 개념서만 여러 번 봐준다는 생각으로 계속 들고 가고, 최대한 다양한 문제집을 구매해 풀면서 그때그때 몰랐던 내용을 선지에 정리했다. 솔직히 이들의 경우 공부 부담 자체가 덜했기 때문에 다른 주요 과목을 하다 스트레스 받을 때부터 공부하는 느낌으로 가져갔다.

이와 같은 반복 회독 방식은 시간이 지남에 따라 대상이 조금씩 달라지기는 했지만, 사실상 수험 생활 내내 유지된 나의 핵심적인 공부 방법이었다.

나는 이를 통해 재수 내내 별다른 동요 없이 기초부터 차근차근 다져갔고, 실력이 꾸준히 우상향되도록 만들었다. 그 결과 나는 모의고사를 치면 칠수록 최소 한두 과목은 신고점을 기록하는, 그전 같으면 꿈도 못 꿀 결과를 만들기 시작했다.

[성장의 조건 #8]

여덟 번째 조건, 반복

반복은 학습에 있어 가장 직관적인 방법이다. 우리는 자의식이 없는 영유아 시기부터 본능적으로 반복을 통해 주변의 것들을 학습했다. 그래서 반복은 학습하고자 하는 대상이 무엇이든 기본적으로 매우 효과적인 방법이다.

하지만 수험생처럼 무언가를 끊임없이 공부해야 하는 입장이 아닌 이상, 아무리 직관적일지라도 몇 번이고 반복하면서 학습해야 할 상황은 그리 필요해 보이지 않는다. 당장 대학생만 돼도 시험기간을 제외하면 수험 생활만큼 무언가를 이해하거나 외워야 하는 일이 일상에서 사실상 존재하지 않는다.

그래서 수험 생활처럼 특수한 경우가 아니라 더 포괄적인 경우를 기준으로 해도, 과연 반복이 중요한 성장 조건인지에 대해서는 의문이 생길 수 있다.

그러나 이러한 의문과 달리 반복은 일상을 더 밀도 있게 보낼 수 있는 방법이기도 하다. 일단, 반복은 변화를 확실하게 끌어내고 싶을 때 사용할 수 있다.

어떤 변화를 한 번에 주게 되면 그 속도는 빠르겠지만 계속 이어지지 않을 가능성이 크다. 이와 달리, 변화의 속도를 조금 느리게 조절하되 일정 기간 꾸준히 반복한다면 새로운 변화에 몸이 적응할 수 있다.

예를 들어, 나는 학군단에 입단한 뒤로 수업을 받기 위해 그전에는 아무리 빨라도 9시에 출발했던 학교를 6시 30분에 출발해야 했다. 당연히 처음에는 혼자서는 일어나지 못했고, 룸메이트의 도움을 받아 간신히 일어나 출발했다.

하지만 이후 6시 이전 기상하는 것을 목표로 매일 기상시간을 딱 5분씩만 반복적으로 앞당기기 시작했다. 그러자 한 달 정도가 지나자 여유롭게 일어나도 늘 가장 먼저 학군단에 도착할 정도로 일찍 일어날 수 있었다.

또한, 반복은 우리에게 통찰력을 준다. 사람의 머리는 끝내지 못한 문제에 대해서는 무의식 중이라도 계속 고민하는 특성이 있다. 그래서 어떤 문제를 반복해서 고민하다 보면 어느 순간을 기점으로 머릿속에 떠다니던 고민들이 연결되면서 생각이 확장되는 경험을 할 수 있다.

그러면 이를 통해 우리는 그전에는 바라본 적 없는 관점에서 문제를 고민하고, 그전에는 미처 파악하지 못했던 부분을 보면서 새로운 해답을 찾아나갈 수 있다.

따라서 어떤 성장이 목표일지라도 그 과정에서 반복이 필요한 대상은 거의 항상 존재한다. 다만 그런 반복을 함에 있어 한 가지 기억해야 할 점은, 반복을 연달아 진행하는 것보다 일정 기간을 둘 때 그 효과가 극대화된다는 점이다.

예컨대, 똑같이 세 번을 봐도 3일 연속 본 사람보다 일주일, 삼 일정도 기간을 두고 본 사람이 더 많은 부분을 기억한다.

점검하고 보완하기

사람은 이전에 수없이 외웠던 내용들도 일정 시간이 지나면 잊어버리곤 한다. 그래서 공부를 함에 있어 단순히 새로운 사실을 학습하는 것만큼 중요한 것이 바로 이후의 점검과 보완이다.

독학으로 수험 생활을 하는 내게는 전반적인 학습을 점검하는 것과 관련해서는 은사님이 계셨지만, 각 과목마다 구체적으로 얼마나 학습이 진행되었는지 확인하는 것은 전적으로 내 몫이었다.

그래서 내가 혹여라도 학습 상황을 정확히 헤아리지 못한다면 이는 곧바로 결과에 타격을 주었고, 나는 그만큼 스스로 학습한 바를 점검하고 적절히 보완하는 데 특히 많은 신경을 썼다. 그리고 오랫동안 최적의 방법을 고민하고 이것저것 시도해 보면서 최종적으로 각각 두 가지의 자기 점검 방법과 보완 방법을 생각하여 학습에 적용했다.

첫째로 자기 점검 방법부터 말하자면, 하나는 재정리였다. 이때 '재정리'는 앞에 '나만의 언어로'가 생략되었다고 보면 된다. 과목을 막론하고 배운 내용을 확인하는 가장 좋은 방법은 직접 하나씩 정리해보는 것이었다. 어떠한 도움도 없이 텅 빈 종이에 배운 내용들을 정리하고 있으면 모르는 내용을 절대 대충 넘길 수 없었다.

공부한 내용이 각종 개념, 영어 단어, 문법, 사회 탐구 등 암기에 기초했다면 A4 용지 한 장이나 노트 한 장이면 충분했다. 이때는 공부한 내용을 하나하나 다시 복기하면서 빈 종이에 쭉 내용을 적었다.

암기에 대한 재정리의 목적은 어디까지나 스스로가 제대로 외웠는지 점검하는 것이었기에, 굳이 모든 내용을 다 적기보다는 간략하게 중요한 키워드만 적으면서 정리했다.

그러면 공부한 부분을 크게 완전히 잘 기억나는 부분, 애매한 부분, 아예 기억 안 나는 부분으로 나눌 수 있었는데, 그중 애매하거나 기억이 안 난 부분을 중점적으로 보완했다.

또한 공부한 내용이 수학 문제, 영어/국어 독해 등 이해와 사고의 흐름이 중요한 부분이었다면, 이번에는 애먹었던 문제들만 다시 보면서 정리했던 내용을 다시 적었다.

다만 이때는 암기와 달리 전체 풀이 과정이 중요한 경우가 대부분이었기 때문에, 디테일한 부분 하나하나까지 최대한 정확하게 복기해서 정리했다.

그리고 이러한 유형의 문제들은 종종 재정리를 하는 과정에서 새로운 풀이법을 찾기도 했는데, 그러면 이 역시 애매했거나 기억하지 못한 내용을 보완할 때 추가로 정리했다.

재정리의 가장 큰 장점은 아는 것과 모르는 것을 정확하게 구분할 수 있다는 점이었다. 특히 개인적으로 수학 개념을 공부할 때 재정리의 효과를 톡톡히 볼 수 있었다. 수학 개념은 다른 개념들과 다르게 암기해야 하는 부분이지만 동시에 이해를 요구했다.

그래서 여러 개념서와 각종 문제집에 나와 있는 짧은 개념 파트, 문제 풀이에 직접 활용된 공식 도출 과정을 함께 묶어서 개념을 재정리했다.

그러자 기존에는 그저 쉽거나 어렵게만 느껴지던 수학 문제가 공식이 여러 개 쓰여서 어려운 것인지, 어떤 발상의 전환이 필요해서 어려운 것인지, 아니면 그냥 쉽거나 어려운 척하는 것인지 구분되어 보이기 시작했다.

그 덕에 혹 모의고사를 보게 되면 전처럼 길고 복잡한 문제는 일단 다 넘기는 것이 아니라, 문제를 읽어보면서 대충 어떤 유형인지 확인한 뒤 풀만 하다 싶으면 시도하며 제한된 시간 안에 더 많은 문제를 풀어낼 수 있었다.

명확한 근거를 만들어서 문제를 풀다 보니 같은 문제에 도전해도, 그전보다 훨씬 안정적이고 속도감 있게 해결할 수 있었다.

자기 점검 방법의 다른 하나는 모의고사였다. 앞서 말했듯 나는 최소한의 기초를 잡은 뒤부터는 늘 주말마다 모의고사를 쳤다.

물론 모의고사를 풀 때는 훗날 실전에서 마주하게 될 제한 시간을 적절히 안배해보고 예상 가능한 시험 환경을 최대한 비슷하게 경험해보면서, 현장에서도 내가 공부한 내용에 따라 문제를 풀 수 있도록 미리 연습하려는 것이 일차적인 목적이었다.

그러나 모의고사를 치는 목적에는 일주일 단위로 공부한 내용을 직접 적용해보면서 부족한 부분을 점검하려는 의도 또한 있었다. 그렇기에 나는 정규 시간표에 따라 전과목 시험을 친 뒤에, 그 직후부터 모의고사 문제를 분석하고 정리하는 데 훨씬 많은 시간을 투자했다.

보통 암기 과목은 끝난 직후 아는 것과 모르는 것에 대한 판단이 가장 잘 되었기에 그 자리에서 곧바로 확인해 정리했다. 그리고 나머지 과목의 경우에는 그다음 날까지 넉넉하게 시간을 갖고 틀렸거나 못 풀었던 문제들 위주로 다시 풀어보면서 점검했다.

주로 어떤 개념이 사용되었는지, 어떤 흐름으로 풀어야 했는지 등을 중심으로 확인했고, 그 과정에서 괜찮은 아이디어가 떠오르면 함께 정리해 두었다.

그리고 모든 과목에 대한 점검이 끝나면 이에 기반해 부족한 부분을 보완했다. 이처럼 모의고사의 경우에는 일정 주기로 새로운 문제들을 풀어보면서, 끊임없이 여러 관점과 접근방법을 배우는 데 그 의의가 있었다.

둘째로 보완 방법을 보자면, 우선 단권화 방법이 있었다. 단권화는 말 그대로 공부한 내용을 계속 압축해 정리하면서 결국 가장 중요한 내용들만 들어 있는 나만의 정리본을 만드는 것이었다. 나의 경우 각 과목마다 노트를 한 권씩 정해두고 단권화를 진행했다.

예를 들어, 수학 노트를 만들 때는 먼저 전체 단원들을 차례로 적은 뒤에 이미 외운 개념은 제목과 공식만, 외우지 못한 개념들은 거기에 도출 과정까지 추가하여 정리했다.

그리고 이후로는 정리한 내용을 돌아보면서 부족한 부분을 보완했다. 그러면 일차적으로 각 단원에 대한 내용이 정리된 단권화 노트가 만들어졌다.

이후에는 그렇게 만든 노트에 따로 선별한 문제를 추가로 정리했다. 주로 문제집이나 모의고사에서 막혔거나, 어려웠거나, 아이디어가 훌륭하다고 느낀 문제들이었다. 나는 보통 그런 문제를 정리할 때는 풀이과정에서 결정적으로 쓰였던 공식 옆에 적어 뒀다.

이렇게 하면 개념 따로 문제 따로 복습할 것 없이, 한 번에 개념과 문제를 복습할 수 있었기에 이후에 더 효율적으로 복습할 수 있었다. 그리고 이를 통해 보다 개선된 형태의 단권화 노트가 완성되면, 그 뒤로는 같은 과정을 반복하며 새로운 내용을 추가하거나 완전히 이해된 내용을 제외하면서 계속 다듬어 갔다.

나머지 과목들의 경우에도 비슷한 방식으로 단권화 작업을 거쳤다. 영어의 경우에는 단어와 문법용 단권화 노트를, 국어의 경우에는 문학 설명과 문법용 단권화 노트를, 한국사 및 사회 탐구는 전체 개념에 대한 단권화 노트를 만들었다.

다만 수학이 개념의 도출과정만 해도 노트가 꽉 찰 정도로 내용들이 많았던 반면, 그 외 과목들은 사실상 기본 개념과 암기 중에서 놓친 부분들을 담으면 충분했다. 그래서 이들 과목은 개념서 내용은 간략하게 정리하고, 주로 특정 문제의 지문과 선지 내용에서 놓친 부분을 다루는 데 집중했다.

이런 단권화 방법은 특히 단기간에 사회 탐구 과목을 공부하는 데 적합했다. 내가 선택한 사회 탐구(생활과 윤리, 윤리와 사상)는 그 특성상 매번 비슷한 내용을 다루지만 표현을 살짝 비틀어서 오답을 유도하기 때문에, 개념서 암기만으로는 부족하고 반드시 기출이나 EBS 교재 등에서 활용된 표현을 추가로 외워야 했다.

그래서 나는 아예 사상가를 기준으로 단권화를 진행해 개념을 정리하고, 지문과 선지 역시 사상가별로 발췌해 모았다. 그 결과 나는 수많은 문제에서 나온 개념과 표현들을 노트 한 권에 모두 정리할 수 있었고, 그 덕에 주요 과목을 챙기느라 뒤늦게 시작했음에도 빠른 속도로 실력을 갖출 수 있었다.

한편, 다른 보완 방법은 오답노트였다. 사실 나는 초기만 해도 오답노트 만들기를 하지 않았다. 보통 오답노트를 만들면 풀이 과정이 복잡한 문제들에 대해 정리해야 했기 때문에, 상당히 오랜 시간을 노트 만들기에 할애해야 했다. 나는 그게 비효율이라고 생각했다.

그 정도의 시간과 노력을 이미 봤던 문제에 들일 바에는 빠르게 새로운 문제로 넘어가서 더 많은 내용을 학습하는 게 더 유익하다는 생각이었다. 하지만 반복 학습을 통해 틀린 문제 재도전의 중요성을 깨달은 이후, 이러한 문제들을 모아 정리하는 데 시간을 아끼지 않았다.

우선 국어의 경우, 지문에서 각 문제의 정답과 오답 근거를 찾는 과정을 정리하는 식으로 오답노트를 구성했다. 다만 근거를 찾는 과정에서 지엽적인 문장에 집중하기 보다는, 지문의 각 문단이 주제를 어떻게 설명하고 있고, 그 내용들이 문제에 어떻게 활용되어 정오의 기준이 되는지를 확인했다.

그래서 국어 오답노트는 해당 지문에 국한된 정오 판단을 넘어, 이후 비슷한 유형의 지문을 접했을 때 문제를 풀어나가는 데 도움이 될 수 있는 판단 기준을 정리하는 데 활용했다.

다음으로 영어 오답노트 같은 경우는, 지문과 선지 해석에 초점을 맞춰서 진행했다. 국어와 달리 영어는 얼마나 신속하고 정확하게 해석하느냐가 성적을 가르는 핵심 변수였다. 하나의 지문은 한 문단으로 이루어져 있어 상당히 짧았고, 문제 출제 방식도 형식화되어 있어 해석만 한다면 답을 고르는 것은 전혀 어렵지 않았기 때문이다.

나는 이를 염두에 두고 독해 실력이 부족했던 초기에는 직독직해 방식으로 오답노트를 만들었다. 틀린 지문을 인쇄하여 노트에 붙이고 그 여백에 모든 문장을 하나씩 옮겨 적은 뒤, 그 위에 문장구성 요소, 끊어 읽어야 하는 부분, 직역을 정리했다.

그리고 나서야 전체 지문과 선지를 쭉 해석하고 정답 근거를 찾았다.

그런 방식은 영어 지문에 대한 이해도를 크게 향상시키는 데 도움이 됐지만 시간이 너무 오래 걸린다는 단점이 있었다. 그래서 이후 어느 정도 독해 실력이 오른 뒤에는, 바로 전체 해석을 해보며 막히는 부분에만 직독직해를 적용했다. 그 결과 나중에는 한 지문을 오답노트에 정리하는 데 10분 안으로 끝낼 수 있었다.

마지막으로 수학의 경우, 오답노트가 매우 유용했던 과목이었다. 나는 수학 오답노트에 별명까지 지어주며 마치 나만의 문제집과 해설집을 만드는 것처럼 정성 들여 정리했다.

기본 형태는 노트의 앞 페이지에 틀린 문제를 붙이고, 그 뒤에 자세한 해설을 적은 모습이었다. 만약 해설이 하나가 아니라면 그 모든 해설을 상세하게 적었다.

이러한 수학 오답노트 제작은 재수 후반부로 갈수록 더 활발해졌다. 왜냐하면 뒤로 갈수록 어려운 문제들을 많이 접하게 되면서 틀린 문제 속에 배울 점이 더욱 많아졌기 때문이다.

그리고 이렇게 만든 오답노트들을 수능을 한두 달 정도 남겼을 때 본격적으로 다시 풀기 시작했다. 이때 모든 문제는 완벽히 풀릴 때까지 반복해서 다시 풀었기 때문에, 고난이도 문제의 경우 6~7번까지 다시 풀기도 했다.

사실 내게 수학은 의외의 복병 같은 과목이었다. 처음에는 다른 과목들 수준도 워낙 처참하다 보니 상대적으로 괜찮다고 느껴졌는데, 기초를 착실히 다진 뒤 크게 향상된 다른 과목 점수와 달리 수학 점수가 계속 지지부진했다. 게다가 더 심각했던 건 수학만 점수가 그대로인 이유를 도무지 몰랐다는 점이었다.

나는 새로운 문제집을 구해서 풀며 나름대로 문제점을 개선하고자 했으나, 그런 노력에도 수학은 오랫동안 별다른 변화를 보이지 않았다.

그런데 그 막막한 상황을 해결해 준 건 새로운 무언가가 아니라 오답노트 복습이었다. 그 당시에는 어차피 새로운 걸 또 하기에는 늦은 시점이니까 그동안 못 푼 문제라도 봐 두자는 심산으로 시작한 복습이었는데, 그게 실력 향상의 마지막 퍼즐이었다.

[성장의 조건 #9]

아홉 번째 조건, 점검과 보완

성장 과정에서 점검과 보완은 마치 바늘과 실처럼 함께 작용한다(그래서 내용이 다소 길어도 둘을 함께 소개했다). 무언가를 준비하는 과정부터 최종적인 결과까지 점검의 대상이 될 수 있고, 거기서 문제가 있다고 여겨지면 적절한 대안을 통해 해당 부분을 보완해 해결한다.

점검을 통해 찾고, 보완을 통해 실질적으로 대처한다. 이는 굳이 설명하지 않아도 모두가 당연하게 여기는 순서일 것이다.

그렇지만 이 순서를 알고 있음에도 우리는 빈번히 부족한 부분을 제대로 보완하지 못해 성장 과정에서 흔들린다. 심지어 이미 제법 성장하여 나름 실력을 쌓은 뒤에도 이런 일을 겪곤 한다.

이런 상황에 직면하면 사람들은 보통 자신의 보완에서 미흡했던 부분이 있었는지 점검한다. 발견한 문제에 대한 대처가 잘못되었으니 결과가 좋지 못한 것이라고 생각하는 것이다. 이는 상당히 합리적인 생각이다.

하지만 그렇게 생각하는 과정에서 사람들은 한 가지 사실을 쉽게 간과한다. 바로 점검 단계에서도 문제가 발생할 수 있다는 점이다. 점검 과정에서 부족한 부분에 대한 정확한 파악이 이루어지지 않으면 적절한 대처를 하는 것 자체가 불가능하다.

사람들은 이미 알고 있는 것에 대해 과신하는 경향이 있다. 지난번에 봤던 내용을 접하게 되면 자연스럽게 '아 저번에 봤던 거네.'라고 생각하며, 자신이 그것을 잘 안다고 쉽게 믿어버린다.

그러다 보니 대부분의 사람들은 눈앞에 보여지는 부분에 대해서는 주의를 기울이지만, 이미 그동안 지나왔던 부분에 대해서는 세밀하게 따지지 않는다.

지난번에 봤던 부분이기 때문이다. 특히 그 부분이 이미 해결한 적이 있는 문제라면 더욱 의심하지 않는다. 과거의 자신이 해결했다면 지금은 당연히 할 수 있다고 믿는다.

그런데 점검 단계에서는 자신이 그동안 해온 것들을 꼼꼼히 살펴보면서 부족한 부분을 찾아야 한다. 현재 문제가 되는 부분만 확인하는 것이 아니라, 그런 문제를 일으킨 원인이 무엇인지, 해당 문제와 관련된 다른 특이사항은 없는지 파악할 수 있어야 하는 것이다. 그래서 사람들이 이미 아는 것에 대해 잘못된 믿음을 갖게 되면 점검은 제대로 이루어지지 못한다.

이처럼 성장하기 위해 움직이는 사람들의 발목을 잡는 것은 새로운 문제가 아니다. 심지어 점검하고 보완하는 수준이면 보완을 못 해서 성장하지 못하는 경우도 거의 없다. 대신 사람들은 점검 단계에서 방심했다가 이미 지난번에 봤거나 해결했던 그 문제에 당한다.

따라서 이를 해결할 수 있는 근본적인 방법은, 문제를 점검하는 나만의 기준을 세우는 것이다. 애초에 우리의 판단이 불필요하게 개입하여 점검의 질을 떨어뜨리지 못하도록 철저히 원칙적으로 문제를 파악해 해결해야 한다.

만약 시험의 점수처럼 객관적으로 확인할 수 있는 결과가 있다면, 그 원칙을 세우는 것은 굉장히 쉬워진다. 좋은 결과를 받기 위해 필요한 것들이 정해져 있기 때문에, 무엇을 목표로 잡아야 할지, 준비 과정이 어떻게 이루어져 있는지가 상당히 명확하다.

그리고 중간에 내가 만들어낸 여러 결과들을 기준으로 스스로의 수준을 꽤 정확하게 파악할 수 있으므로, 그저 준비 과정에서 부족한 부분을 어떻게 판단해서 해결할 것인지만 결정하면 된다.

내가 재정리와 모의고사를 통해 스스로 부족한 부분을 정기적으로 확인하고, 거기서 발견한 허점들을 단권화나 오답노트를 진행해서 보완했던 것이 여기에 해당한다고 볼 수 있다.

하지만 객관적인 결과가 없는 경우라면 원칙을 세우기가 좀 더 까다롭다. 원칙을 세우기 위해서는 기준이 필요한데, 그 기준이 모호하기 때문이다. 이런 상황을 마주한 대부분의 사람들은 이쯤에서 대충 생각나는 대로 행동하거나, 근처 사람들의 말이나 어디서 들어본 내용 등을 적당한 기준으로 삼는다.

그러나 그런 피상적인 판단이나 타인의 기준으로는 수립한 원칙이 스스로에게 맞기는 거의 불가능하다. 그러므로 이런 경우에는 일정한 목표를 설정하는 것이 먼저다(목표 이야기는 뒤에서 자세히 하겠다). 일단 자신이 바라는 바를 설정해야 원칙을 수립할 수 있고, 그에 따라 점검과 보완을 안정적으로 수행할 수 있기 때문이다.

사람은 스스로에게 강렬한 인상을 준 대상조차 시간이 지남에 따라 빠르게 망각한다. 당장 외워서 시험까지 쳤던 내용도 며칠이 지나면 가물가물한 부분이 생기는데, 몇 달이 흘렀다면 이제는 모르는 부분이 대부분일 것이라고 봐야 한다.

따라서 스스로를 점검하고 보완하는 데 있어 사소한 방심으로도 모든 과정이 무너질 수 있다는 마음으로 꼼꼼하게 참고점을 만들고 움직이자. 방심했을 때 성장 과정에 생기는 피해를 고려하면 시간이 걸리더라도 안정적으로 나아가는 게 가장 현명한 선택이다.

마지막 준비

나는 딱 일 년만 공부해 보자는 마음으로 수험 생활을 시작했던 만큼 재수 내내 스스로를 밀어붙였다. 시간이 지날수록 이미 들인 시간이 아까워서라도 더 노력했던 것 같다. 매일 눈을 떠서 잠자리에 눕기 전까지 내 머릿속은 온통 수능 생각만 가득했다.

혹 놀고 싶고 쉬고 싶은 마음이 들 때면, 수능이 끝난 뒤 몰아서 쉬면 된다고 되뇌며 그날 해야 할 진도를 나갔다. 당연히 그렇게 들인 노력은 나를 바꿔갔다. 실력은 나날이 성장했고, 그에 비례해 모의고사 점수도 갈수록 높아져 갔다.

그러면 그 성과에 고무되어 더 치열하게 공부하게 되었고, 이는 다시 성적 향상으로 이어지며 성장의 선순환을 만들었다.

그 결과 나는 6월에 치르는 평가원 모의고사에서 한국사 3등급, 영어 2등급을 제외하면 모두 1등급을 받는 쾌거를 이뤘다. 그리고 그 점수를 받고서 지난 7개월 간의 노력이 드디어 결실을 보았다고 생각했다.

하지만 성장세를 타서 그대로 정상까지 갈 줄 알았던 내 실력은 이후 갑자기 주춤대기 시작했다. 공부를 게을리한 것도 아니었다. 오히려 공부의 체계가 잡히면서 더 많은 문제를 풀어냈고, 더 많은 시간을 공부하는 데 쏟았다.

그럼에도 내 성적은 오히려 조금 오르나 싶더니 금세 떨어지기를 반복했다. 나는 처음 겪어보는 일에 적잖이 당황했다. 그전까지는 50을 투자하면 100 이상을 받는 느낌이었는데, 이제는 100을 투자해서 50도 못 돌려받는 것 같았다.

차라리 그전처럼 무언가 잘못된 게 있어서 성적이 지지부진한 것이라면 고치기라도 해볼 텐데, 아무리 봐도 내가 잘못하고 있는 부분이 보이질 않으니 더 답답할 노릇이었다.

무리해서라도 더 많은 시간을 공부에 쏟아도 봤고, 중간에 계획을 수정해 보기도 했지만 끝내 원인조차 찾을 수 없었다. 오히려 그 과정에서 패턴이 흔들려서 나가는 진도량이 줄어들기만 했다. 그래서 초기에는 무작정 때가 되면 돌아오겠지 하는 생각으로 버텼다.

하지만 그런 시간이 무려 3개월 동안 지속되면서 내 인내심도 9월 말에는 한계에 다다랐다. 수능까지 100일도 안 남았는데 영문 모를 현상으로 성적이 주춤거리니까 벌써 수능이 망한 것처럼 느껴졌다.

그러던 어느 날, 나는 잠시 휴식도 할 겸 공부 자료를 읽고 있었다(당시 은사님께서는 종종 내게 도움이 될 법한 책 내용을 골라 보내주셨다). 그런데 그 속에서 유독 한 문구가 내 눈에 들어왔다.

'"사용하지 않는 것은 잃어버리는 것이다."라는 말은 장기기억에도 해당한다.'

얼핏 보면 지극히 당연한 말이었다. 머릿속에 집어넣은 것을 쓰지 않으면 서서히 사라진다. 이건 누구나 경험적으로 알 만한 사실이었다.

그러나 그 문구는 3개월 넘게 문제를 해결하지 못해 복잡해진 내 머릿속에 한 가지 실마리를 던져줬다. 수험 생활은 일 년에 걸쳐 진행되기에 상당히 장기적인 도전이지만, 수능이라는 목표 하나만 바라보면 된다는 점에서 매우 단순한 도전이기도 했다.

즉 수험생은 일 년 동안 여러 가지를 생각할 필요 없이, 오직 실전에서 고득점을 낼 수 있는 능력을 갖추기만 하면 되는 것이었다. 하지만 그 '고득점을 낼 수 있는 능력'은 열심히 공부하는 것만으로는 갖출 수 있는 대상이 아니었다.

왜냐하면 어떤 점수를 내기 위해서는 머릿속에 단순히 지식을 쌓는 것을 넘어, 그것을 적재적소에 활용할 수 있어야 했기 때문이다. 내가 하루에 10시간을 공부하든 13시간을 공부하든, 공부한 내용 중 지금 문제를 푸는 데 필요한 것을 끄집어내지 못하면 결과는 달라지지 않는 게 당연했다.

그래서 그 능력을 갖추기 위해서는 지식을 쌓는 공부와 함께, 실전에서 그것을 사용하는 나만의 방법을 정립할 필요가 있었다.

그런데 그동안 나는 그 부분을 완전히 놓치고 있었다. 이제껏 나의 모든 공부는 내가 모르는 것을 채워 넣는 과정이었다. 심지어 매주 쳤던 모의고사에서도 내가 몰랐던 새로운 내용만 뽑아 정리했지, 내가 각각의 시험 시간 동안 어떤 흐름으로 문제에 접근했고, 풀었는지는 확인하지 않았다.

그러다 보니 나는 지난 7~8개월 동안 공부하는 과정에서 개념과 문제를 푸는 방법에 대해서는 상당히 많은 내용을 익혔지만, 이러한 내용들을 실제 시험 환경에서 활용하는 접근 방법에 있어서는 아무런 훈련이 되어 있지 않았다.

그로 인해 더 많은 시간을 들여 새로운 문제를 계속 접했음에도 시험을 푸는 과정에서 그것들이 제대로 힘을 쓰지 못하고 있었다. 한마디로 나는 공부를 통해 고득점에 필요한 지식을 축적척하는 데에는 성공해놓고, 그것을 제대로 사용할 줄 몰라 허우적거리고 있었던 것이다.

그 사실을 깨달은 나는 곧바로 스스로가 어떻게 문제를 푸는지 확인하기 시작했다. 가장 먼저는 그동안 쭉 정리했던 오답노트를 다시 꺼내 풀기 시작했고, 이후로는 주말에 모의고사를 치고 분석할 때 그 전체 흐름을 복기했다.

그러한 과정을 통해 내가 문제를 풀 때 신경써야 할 태도를 종이에 적으며 정리했는데, 내용을 다 정리하자 10장이 넘을 정도로 방대한 양의 접근법이 만들어졌다.

하지만 이후 이렇게 많은 분량을 시험에서 모두 활용하기는 어렵다고 생각한 나는, 다시 그 내용 중에서 비슷한 내용을 합치고 사소한 부분은 생략해 최종적으로 2~3장 분량의 접근법을 만들었다.

그리고 이 접근법들만은 시험에서도 무의식적으로 따를 수 있게 만들자는 생각으로, 이후 단권화하거나 오답노트를 만들 때면 무조건 정리하는 문제에 나만의 접근법을 어떻게 적용할 것인지를 고민했다.

그리고 매번 모의고사에서 각 과목의 시험을 치기 직전, 접근법을 정리한 종이를 읽으면서 어떻게 시험 문제를 풀 것인지 간단히 생각하고 들어갔다.

그러자 드디어 움직일 기미조차 안 보였던 성적이 다시금 오르기 시작했다. 컨디션이 좋은 날 모의고사를 치면 100점을 받는 과목도 나왔다. 복잡했던 머릿속은 단순하게 변했고, 어떤 문제를 풀어도 마치 수학 공식에 조건을 대입하듯 일관된 태도로 풀어낼 수 있게 되었다.

그러자 내 머릿속에는 스스로가 일 년 동안 정말 할 수 있는 건 모두 다 했다는 생각이 스쳤다. 그렇게 나는 수능 당일을 맞이했다.

[성장의 조건 #10]

열 번째 조건, 태도

성장하기 위해서 반드시 거쳐야 하는 구간인 실전에서는 비슷한 실력을 갖추고도 전혀 다른 결과를 받는 경우가 비일비재하다.

이런 현상이 발생하는 이유는 실전 속 수많은 요소가 현장에서 다양한 변수를 유발하기 때문이다. 수능을 예로 들면 그날의 컨디션, 주변 환경, 내가 앉은 자리, 앞 교시 시험에 대한 감흥 등에 따라 점수가 요동칠 수 있다.

태도는 상황에 대해 갖는 마음가짐으로, 외부에서 어떤 일이 일어나고 내가 어떤 조건을 갖고 있든 일관되게 행동하도록 만드는 힘이다. 그 마음가짐이 꼼꼼하다면 이미 완벽한 것 같아도 다시 살피게 되고, 그 마음가짐이 느슨하다면 조금 불안해도 그냥 넘어가게 되는 것이 사람이다.

그래서 서로 비슷한 준비 과정을 거쳤다고 해도 태도에 따라 결과가 완전히 뒤바뀔 수도 있다고 봐야 한다. 그러므로 어느 정도 실력을 쌓았다면 수많은 변수를 맞닥뜨렸을 때 일관된 결과를 낼 수 있게 하는 태도에 신경 써야 한다.

하지만 바람직한 태도는 아무렇게나 건드린다고 해서 갖춰지는 능력이 아니다. 여기에는 두 가지 조건이 필요하다. 그중 하나는 나라는 사람에 대한 정보다. 내가 어느 정도의 실력을 갖추고 있고, 어느 부분에서 강점과 약점을 보이는지 알아야 내게 맞는 개선 방안을 수립할 수 있다.

시험을 예로 들면 내가 평소 문제를 어떻게 해석하고 푸는지에 대한 정보가 있어야, 지금보다 더 안정적이로 결과를 내는 데 필요한 접근법을 파악할 수 있을 것이다.

다른 하나는 부족한 부분을 개선할 수 있는 충분한 시간이다. 나라는 사람에 대한 분석을 마치고 적절한 개선 방안을 생각했어도, 그걸 꾸준히 적용하며 체화할 시간이 없으면 아무 소용이 없다.

그래서 태도를 완전히 정립하는 것은 준비 과정의 후반부일지라도, 태도에 대한 고민은 그보다 일찍 하는 것이 좋다.

나는 태도를 고민하기 가장 좋은 적기가 계획을 절반 정도 끝낸 상태라고 생각한다. 쉽게 말해 기초와 일반적인 내용을 두루 마치고 이제 막 심화 내용을 건드리기 시작할 즈음이 가장 좋다고 생각한다.

그쯤에는 앞서 말한 두 조건이 모두 갖춰져 있기 때문이다. 일단 기본적인 내용은 모두 섭렵했기에 나에게 필요한 태도의 특성을 분명하게 파악하고 있다.

그리고 알아낸 특성은 남은 심화 내용을 나아가는 동안 충분히 훈련할 수 있다. 그런 관점에서 나의 경우는 나름 적절한 시기에 태도를 고민했다고 말할 수 있다. 다만 고민을 시작한 이후 부진의 이유를 쉽사리 짐작하지 못하면서 태도를 개선할 시간이 약간 부족했다.

또한, 그렇게 태도에 대한 생각을 정리하다 보면 그 과정에서 많은 내용이 쌓일 것이다. 하지만 그렇게 방대한 양의 태도를 모두 외울 수는 없다.

그래서 시간적 여유를 갖고 정리해서 대부분의 내용은 체득하는 것이 좋다. 실전에 들어가기에 앞서 연습해보는 과정에서 확인할 수 있는 점검 리스트를 만드는 것도 한 가지 방법이다.

그러나 수능 당일까지 압축을 거듭해 2~3장 분량의 점검 리스트를 만들고 반복했지만, 나는 시험에서 대부분의 내용을 기억조차 제대로 하지 못했다. 지금 생각해보면 그 2~3장 분량조차 많았던 것 같다.

차라리 정말 결정적인 문제 풀이 태도 3~5개 정도만 깔끔하게 정리해서 마지막 날까지 반복했다면, 훨씬 안정적으로 준비한 태도대로 실전에 꼭 필요한 행동만 할 수 있지 않았을까 한다.

마지막으로, 실전에서 갖출 태도를 고민하는 과정에서 타인의 사례를 참고할 수는 있겠지만 의존하지는 말라고 얘기해주고 싶다.

가끔 인터넷이나 주변에서 먼저 성공한 사례들을 접하다 보면, 자신이 어떤 방식으로 문제에 접근하고 풀어내는지 자세히 설명해주는 내용들이 있다. 그걸 접하고 있으면 그들의 사례가 마치 하나의 정답처럼 느껴지고, 그들을 따라해서 태도를 정립하고 싶을 것이다.

하지만 그런 정보를 무작정 따라하는 것으로는 기존에 혼자 쌓아 올린 태도와 부딪혀서 괜히 역효과만 날 수 있다. 태도는 어디까지나 직접 해보는 과정에서 쌓아 나가는 실력과 어우러졌을 때 효과를 낸다. 타인의 사례를 따라하는 것으로는 그 사람들이 변화하면서 겪었을 그 과정을 경험할 수 없다.

너무 일찍 태도를 정립하고자 한다면 데이터가 부족해 불필요한 시행착오를 겪게 되겠지만, 그렇다고 아무런 신경을 쓰지 않는다면 실전에서 필요한 태도를 갖추지 못할 것이다.

따라서 자신의 상황에 따라 실력을 쌓음으로써 실전에서 안정적인 결과를 가져오도록 하자.

성취와 후회

2020년 12월 3일. 나는 상쾌한 기분으로 아침을 맞이했다. 전날 잠도 충분히 잤고, 식사도 3주 전부터 조절해서 속도 편했다. 마지막으로 준비물을 챙겨서 부모님 차를 탄 채 수능장으로 가는 길, 함께 달리고 있는 차들의 후미등을 보며 나는 생각에 잠겼다.

일 년의 시간이 머릿속에 주마등처럼 스쳐 지나가면서, 결전의 순간이 왔음을 체감했다. 하지만 나는 긴장하지 않았다. 오히려 진심으로 기대됐다.

나는 일 년 동안 최선을 다해 준비했고, 오늘은 그렇게 준비한 걸 아낌없이 사용하고 오기만 하면 되는 날이었기 때문이다. 오늘만 지나면 수험 생활이 완전히 끝나게 된다고 생각하니, 수능을 치러 가는 느낌보다는 방학식 하러 학교에 가는 느낌이었다.

그렇게 가벼운 마음으로 수능장에 들어가서 짐을 푼 나는 현장 분위기에 적응할 겸 챙겨온 모의고사를 풀어보고, 정리해 온 접근법을 마지막으로 읽었다.

그때부터 조금씩 시험을 친다는 사실이 체감되기는 했지만, 여전히 그리 긴장하지 않았다. 나는 '어차피 현역 수능보다 잘 볼 수밖에 없는데, 긴장할 게 뭐 있어?'라고 생각하며 현장에서 해야 할 준비를 차분히 이어 나갔다.

마침내 시간이 됐을 때 감독관님이 들어오면서 시험이 시작됐다. 시험은 정말 길었고, 교시가 넘어갈수록 시간이 느리게 흐르는 것 같았다. 처음 국어, 수학을 칠 때만 해도 80분, 100분이 30분처럼 짧게 지나가는 것 같았는데, 사회 탐구를 칠 때부터는 30분이 1시간처럼 느리게 흘러갔다.

그래도 마지막 제2외국어 시험을 끝으로 모든 시험을 마치고 나가는 길은 발걸음이 가벼웠다. 비록 몸은 완전히 지쳤지만 내가 할 수 있는 모든 걸 현장에서 다 했다고 생각했기 때문이다.

살면서 처음으로 시험을 잘 본 것 같다는 생각이 들었다. 찍거나 못 푼 문제도 거의 없었고, 푼 문제들 중에서도 애매했던 문제 또한 없었다. 어서 채점을 해보고 싶은 마음에 집까지 가는 길이 유독 길게 느껴질 정도였다.

그렇게 집에 도착한 나는 가방만 던져놓고 곧바로 컴퓨터 앞으로 갔다. 그리고 떨리는 손을 억지로 부여잡고서 점수를 채점했다.

결과는 국어, 수학, 영어, 한국사가 1등급, 생활과 윤리 2등급, 윤리와 사상 3등급, 제2외국어 4등급이었다. 제2외국어는 현장 분위기를 위해 잡았던 터라 공부하지 않았기에 제외하면, 시험에서 틀린 총 문제 수는 7~8문제였다(참고로 수험생들 사이에는 제2외국어를 신청한 학생들이 더 조용한 분위기에서 시험을 친다는 소문이 있어서, 공부를 안 하고 제2외국어를 신청하는 학생들이 꽤 많았다).

단 일 년 만에 만들어낸 결과를 바라보며 나는 온몸에 전율을 느꼈다. 게다가 독학으로 이뤄낸 결과였기에 더욱 의미가 남달랐다. 당연히 나는 뛸 듯이 기뻐하며 여기저기 내가 받은 결과를 공유했다.

주변 어른들께서는 내 시험 결과에 다 함께 축하해 주셨고, 무엇보다 은사님께서는 내 소식에 그 누구보다 기뻐하시며 곧장 나를 불러 축하해 주셨다. 그날 저녁 나는 그 어느 때보다 깊은 잠을 잤다. 마치 온 세상의 축복을 받는 기분이었다.

하지만 기쁨은 딱 거기까지였다. 시간이 흐르며 몸속에 돌던 도파민이 쭉 빠지자, 잘한 점보다 아쉬운 점들이 눈에 더 들어오기 시작했다. 틀린 문제를 떠올리면서 '이렇게 풀었으면 맞추는 건데' 하고 생각하는 시간이 점점 늘어났다.

게다가 슬슬 성적이 나오면서 지원 가능한 대학들을 알아볼 수 있게 되었을 때, 한두 문제 차이로 SKY 진학이 어렵다는 사실을 깨닫게 되며 후회는 극에 달했다. 오히려 올려다볼 수조차 없었을 때는 별 감흥이 없었는데, 손을 뻗으면 닿을 거리에 있자, 괜히 더 눈길이 갔다.

그때부터 나는 재수 과정이 힘들어도 조금만 더 참고 공부했다면 SKY도 갈 수 있었을 텐데 그러지 못했다는 후회에 사로잡혔다. 그리고 마음 한편에 이런 생각이 들었다.

'아니, 독학으로 딱 일 년 공부해서 이 정도 성적을 받은 거면 한 번 더 도전해봐도 되는 거 아니야? 솔직히 탄력받았을 때 제대로 하면 어디든 갈 수 있을 거 같은데?'

그런 생각 속에서 갈등하고 후회하던 나는, 마침내 다시 공부해보자고 마음먹었다. 그리고 그 길로 지원 가능 대학을 알아보는 것을 멈추고 삼수를 시작했다. 여기서 일 년 안에 한두 문제만 더 맞혀서 정말 후회 없이 수험 생활을 마무리하자는 생각이었다.

하지만 지금 돌이켜 보면 당시 내가 간과하고 있는 사실이 하나 있었다. 바로 내가 아래에서 몇 등급을 올리는 데 들어갔던 노력보다, 위에서 한두 문제를 더 맞히기 위해 들어가야 하는 노력이 몇 배는 더 요구된다는 사실이었다.

[삼수~사수/2021~2022]

목표 설정하기

삼수를 시작한 나는 자신감은 충분했다. 재수 때 일 년 공부해서 수능에서 표준점수만 수십 점을 올렸으니, 여기서 더 공부하면 무조건 더 높은 점수를 받을 수 있다고 생각했다. 그래서 2020년 12월 22일, 나는 재수 때 쓰던 일부 교재들과 새로 구매한 다이어리를 가진 채 곧바로 삼수에 뛰어들었다.

삼수를 결심한 이상 재수 때 그랬던 것처럼 괜히 다른 데 마음 빼앗기지 말고 하루라도 일찍 공부해서 승부수를 띄우자는 생각이었다. 하지만 재수와 달리 삼수부터는 나도 수험 생활에 익숙해진 뒤였기에 생활방식이 급변하는 일은 없었다.

나는 그 뒤로도 사수까지 쭉 집에만 틀어박힌 채 생활했고, 공부방식도 책만 갖고 하는 독학을 계속 고수했기에 따로 달라지는 건 없었다.

굳이 달라진 점을 꼽자면 재수보다 난이도가 높은 문제집들을 더 많이 구매해서 공부했다는 것, 기존의 책이든 새로 구매한 책이든 더 많이 회독했다는 것 정도였다.

그래서 삼수 때부터는 특히 목표 설정에 신경 쓰기 시작했다. 물론 이 목표 설정은 재수 때도 매우 중요하게 생각한 부분이었다.

재수 초반에 목표 대학과 점수를 비교적 가볍게 설정하기는 했지만, 재수 과정 동안 실력의 성장 속도에 맞춰 여러 중간 목표들을 끊임없이 세워야 했기 때문이다. 계획을 세우고, 루틴을 만들고, 반복 학습을 하기 위해서는 사실상 모든 공부에 명확한 목표가 필요했다.

그런 과정에서 스스로의 수준을 파악할 수 있는 가장 간단한 방법이 곧 스스로 목표한 바를 얼마나 이뤘는지 점검하는 것이었다. 하지만 삼수, 사수 기간에는 그 목표의 중요도가 그때에 비해 훨씬 높아졌다.

재수가 끝난 내 수준에서는 더 이상 일단 아무거나 붙잡고 공부한다고 성적이 오르지 않았다. 그전처럼 그냥 무식하게 시간만 투자해서는 시간만 날리고 실전에서 원하는 결과를 받지 못

할 것이 뻔했다.

그러므로 더 치밀하게 공부를 계획하고 움직여서, 일 년의 시간을 최대한 알차게 보낼 필요가 있었다. 그리고 이를 위해서는 당연히 매 순간 정확한 피드백을 위해 필요한 기준점인 목표가 매우 중요해질 수밖에 없었다.

당시 나는 그 목표로 대학 대신 더 먼 미래의 내 모습을 상상했다. 수험생이 대학이 아니면 목표로 할 게 뭐가 있냐고 생각할 수 있지만, 재수 일 년을 대학을 목표로 정말 노력해보고 삼수를 시작하니 조금 다른 생각이 들었다. 나는 오히려 대학만 바라보고 수험 기간을 보내는 것을 극도로 조심했다.

솔직히 재수 때는 대학 진학 이후의 목표를 생각할 여유가 없었다. 수능까지 준비해야 할 것들이 너무 많았고, 그래서 반강제적으로 대학에 입학하는 것에만 집중했다. 하지만 그렇게 보낸 시간은 대학 진학과 관련된 결정을 내리자마자 의미를 잃었다. 내가 진학을 포기했기 때문에 그런 것은 명백히 아니었다.

그보단 그 시간 속에서 내가 했던 모든 행동들이 입시에 국한되어 있었기에, 그해 입시 결정을 내리는 즉시 그 시간들은 내 기억 속에만 정적으로 머무는, 이미 매듭 지어진 하나의 사건이 된 느낌이었다. 그 시간으로 나는 변화했지만, 그 시간 자체는 더 이상 내가 나아가는 과정이 아니었다.

나는 그렇게 보내는 수험 생활은 스스로 퇴보하는 꼴이라고 생각했다. 지금 남들은 대학에 가든 일을 하든 저마다 선택한 방향으로 나아가고 있는데, 나는 자진해서 왔던 길을 되돌아간 다음 처음부터 밟는 것이었다.

즉 삼수를 선택함으로써 남들과 1년 이상의 차이가 벌어질 것을 각오한 행위였다. 그리고 내가 기를 써서 좋은 대학에 가려는 것은, 결국 좋은 직업을 갖고 좋은 사람들을 만나면서 내 삶을 가꿔 나가기 위함이었다.

그런데 그렇게 보내온 시간이 고작 대학 진학과 함께 과거의 영광처럼 지나가버린 사건이 되게 만든다면, 내가 그 시간을 통해 삶을 가꿔 나간다고 생각하기 어려워 보였다. 대학만 보고 창창한 20대의 일 년을 보낸다면, 혹 좋은 대학에 들어간다고 해도 또다시 한계에 봉착하리라는 게 내 생각이었다.

따라서 나는 아주 먼 미래에 이루고 싶은 것들로부터 시작해, 그런 꿈을 이루기 위해 지금의 내가 무엇을 해야 하는지 생각했다. 당시에 내가 그렸던 최종적인 미래 모습은 돈을 많이 벌어서 여러 사회적 문제 해결에 공헌하는 기업인의 이미지였다.

그리고 나는 그런 모습이 되기 위해서 필요한 과정을 쭉 생각해봤다. 기업인이 되기 위해서는 먼저 하나의 분야에서 경험과 실력을 쌓아야 할 것이고, 그러기 위해서는 늦어도 30대부터 내게 맞는 분야와 회사를 찾아야 할 것이었다.

또한, 30대에 그렇게 활동하려면 20대 중반 정도에는 사회생활을 시작해야 할 것이었고, 그러기 위해서는 그전에 사회에서 요구하는 여러 자격을 갖춰야 할 터였다.

그리고 그 자격 중에서 2021년 삼수를 하고 있는 내가 확보할 수 있는 것은 가능한 좋은 대학 경영학과에 입학할 수 있는 성적을 만드는 것이었다. 그래서 나는 최종적으로 2021년 목표를 서울대학교 경영학과 입학하기로 정했다.

그런 뒤 수험 생활에서 항상 그 목표를 생각하며 모든 공부를 계획했다. 재수 때처럼 높은 목표를 그리면 그 밑에는 가겠지 하는 것이 아니라, 진심으로 정상에 도달하기 위해 필요한 요소들을 준비했다.

그 덕에 삼수를 시작한 초반부터 나는 스스로가 자만하거나 여유 부리는 일없이 해야 할 일에 몰두하도록 만들 수 있었다.

재수 때보다 더 엄격한 기준으로 스스로가 공부에 집중할 수 있도록 만들었다. 그래서 모든 면에서 재수 때보다 알찬 하루를 보냈다. 더 많은 시간을 공부하는 데 쏟았고(평균적으로 2~3시간은 더 공부했다), 더 규칙적으로 생활하며 어떠한 변수도 발생하지 않도록 조심했다.

나중에는 평소처럼 일어나서는 주변이 소란스러울 때가 많다고 생각되어, 한동안 10시에 자서 3~4시에 일어나 조용한 시간대에 공부하기도 했다. 때로는 아침 시간대에 일어나지 못할 것을 염려해 이불을 깔지 않고 맨바닥에 누워서 자기도 했다.

하지만 나는 그런 노력들이 어떤 대단한 일이거나 힘든 일이라고 생각하지 않았다. 내게는 그것보다 더 집요하게 공부하는 사람들과 함께해야 이룰 수 있는 목표가 있었기 때문이다. 덕분에 나는 단기적으로 반짝 변하지 않고 스스로를 끝까지 몰아붙일 수 있었다.

[성장의 조건 #11]

열한 번째 조건, 목표

수험 생활의 흐름에 맞춰 이야기를 하다 보니 뒤에서 나왔지만, 사실 목표 설정은 성장에 있어 가장 중요한 조건이라고 해도 될 만큼 중요한 조건이다. 앞서 점검과 보완에 대해 이야기할 때도 기준이 없으면 목표를 세워서 그 기준부터 만들어야 한다고 짧게 언급했는데, 우리가 성장하고자 노력하는 과정 대부분에는 별다른 기준이 존재하지 않기 때문이다.

그래서 어떤 일을 시작하기에 앞서 목표를 정하고, 그 목표를 지표 삼아 따라가는 것이 좋다. 그렇게 했을 때 가장 현실적으로 일을 성공시킬 수 있다.

목표를 세울 때는 몇 가지 유용한 기준이 있다. 우선, 목표를 세울 때는 기간에 따라 여러 개의 목표를 묶어서 설정하는 것이 좋다. 보통 목표를 세우라고 하면 한두 개의 독립적인 목표를 생각하곤 한다.

하지만 무조건 최종 단계만을 목표로 설정할 필요는 없다. 내가 앞으로 얼마나 오래, 얼마나 많은 일을, 얼마나 복잡하게 하게 될 것인지에 따라, 다양한 하위 목표로부터 소수의 상위 목표로 나아가는 방식으로 짤 수도 있다.

삼수 때 내가 미래의 목표를 세웠던 방식은 바로 하위 목표와 상위 목표를 다루는 형태를 활용한 것이었다.

내가 어떤 일을 수행함에 있어 복잡한 단계를 여러 목표로 나눈 채로 나아가면, 지금 추구해야 하는 일을 훨씬 명확하게 정리할 수 있다. 이는 마치 퍼즐을 무작위적으로 맞추기보다는 겉 테두리부터 맞출 때, 퍼즐 조각을 더 빨리 맞출 수 있는 것과 같다.

여러 목표를 설정할 때는 최종 목표에서 되돌아오는 식으로 목표를 세우는 것이 훨씬 편하다. 다양한 하위 목표는 결국 내가 마지막에 이루고 싶은 대상에 따라 유동적으로 설정하는 것이다.

지금 내 위치와 최종 목표 사이에 시간 관점이든 수준 관점이든 얼마나 떨어져 있는지를 먼저 확실히 해야, 그 사이에 어느 정도의 하위 목표를 설정할지 보다 분명하게 측정할 수 있다.

다음으로, 지금까지 자신이 보인 수준을 고려해서 목표를 세워야 한다. 만약 자신이 아직 이렇다 할 도전 경험이 없거나 많지 않은 수준이라면(재수를 시작했던 나의 경우처럼!), 목표를 자신이 생각하는 수준보다 더 높게 잡는 것이 좋다.

보통 경험이 부족한 상태에서 진짜 이룰 수 있는 목표를 세워보라고 하면 보수적으로 세울 수밖에 없다. 경험이 없으니 섣부르게 높게 잡기 보다는, 비교적 확실하게 성취할 수 있도록 기준을 설정하는 것이다.

하지만 목표를 보수적으로 잡아서는 목표를 세우는 목적 자체가 희미해질 수밖에 없다. 애초에 스스로 한 단계 성장하기 위해 세우는 것이 목표인데, 보수적으로 잡은 목표로는 성장에 필요한 만큼 나아가기 매우 어렵기 때문이다.

따라서 이런 경우에는 지금 보기에는 불가능해 보이는 목표일지라도 용기를 갖고 도전해보는 것이 좋다(개인적인 팁을 주자면 실제 사례를 참고해라. 다른 사람이 그 정도 수준의 목표 달성에 성공했다면 나라고 못 할 것도 없지 않은가?).

또한, 자신이 이미 도전 경험이 있는 수준이라면(삼수, 사수 시절의 나처럼!), 그전에 세웠던 목표를 기준으로 한 단계 더 높은 목표를 추구하는 것이 좋다.

다만 이 경우에는 자신의 수준을 가능한 객관적으로 파악하고, 그에 맞춰 현실적으로 달성할 수 있는 한 목표를 세우는 것이 좋다. 일정 수준 이상 경험이 있다는 것은 목표 하나하나가 성장에 중요한 요소라는 것을 의미한다.

그렇기에 경험이 부족한 상태에서 달성할 수 있는 가능성이 희박한 목표일지라도 일단 해보고, 안 되면 말자는 식의 도전이, 이 수준에서는 의미가 없거나 역으로 자존감을 깎아서 성장에 부정적인 영향을 줄 수 있다.

따라서 이 수준의 사람들은 수준은 적당히 높게 설정하고, 목표를 보다 생생하게 그리는 데 집중하는 것이 좋다. 이뤘을 때 내게 주어질 그 상황이 잘 그려지는 목표일수록, 그 목표를 이루기 위한 과정에서 내가 무엇을 해야 하는지 더 정확하게 구상할 수 있기 때문이다.

마지막으로, 한 번 목표를 세웠으면, 최종 목표가 아니라면 수정 과정을 꼭 거쳐야 한다. 내가 세운 최종 목표를 이루기 위한 과정을 처음부터 완벽하게 맞출 수는 없다. 당장 일주일만 해봐도 그 사이에 내 목표에서 어긋나는 부분이 꼭 생기기 마련이다.

그렇기에 목표는 깔끔하게 정하는 것이 아니라 내 꿈에 맞춰 정해야 한다. 완벽한 목표를 세우려고 하기 보다는, 내가 바라는 대상이 얼마나 떨어져 있던 그쪽으로 나아갈 수 있도록 목표를 세워야 하는 것이다.

그 과정에서 조금 넘치거나 부족한 수준은 목표를 더 멀거나 가까워지도록 수정해서 해결하면 된다.

목표는 세우는 것이 무조건 이득이다. 목표를 달성하지 못한다고 해도 상관없다. 따지고 보면 나 역시 수험 생활 내내 원하는 목표를 이루지 못했다.

하지만 여러 목표를 추구하는 과정에서 성장할 수 있었기 때문에, 이후 대학에 와서도 멈추지 않고 더 높은 목표를 향해 나아갈 수 있게 되었다.

목표 달성 여부는 성장 여부를 결정하지 않는다. 그러므로 지금 무엇 먼저 시작해야 할지 모르겠다면, 일단 목표부터 정하고 움직이자.

정체성 갖추기

삼수 생활을 하고 있는 나는 재수를 시작하던 때처럼 10년 뒤를 그리지 못해 허우적거리는 입장이 아니었다. 누구와 대화해도 이제 나는 꽤 신뢰할 만한 사람으로 인정받았다. 그래서 목표를 새롭게 설정하고 난 뒤에는 나라는 사람에 대한 생각을 정리했다.

더 이상 과거의 모습으로 나를 바라봐서는 앞으로의 도전을 이어갈 수 없을 것이 분명했다. 힘든 순간이 계속 이어지더라도 포기하지 않기 위해서는 강한 자기 확신과 자존감이 필요했다.

그래서 나는 새롭게 정한 목표에 걸맞은 모습을 상상하고 그 모습이 곧 나의 정체성인 것처럼 생각했다. 그리고 스스로를 그 정체성에 맞춰 바꿔가면서 새로운 성장 과정을 극복할 수 있는 모습이 되고자 노력했다.

일단 가장 먼저 내가 스스로에게 되뇌었던 것은 이제 나는 실력 있는 수험생이라는 점이었다. 재수 동안 공부한 내용으로 이미 실전에서 확실히 능력을 검증했고, 이후로도 각종 모의고사나 문제집을 풀면서 막히는 문제가 거의 없었다. 그렇기에 이제 나의 수준은 다른 일반적인 수험생들의 수준보다 높다고 봐도 비약이 아니었다.

나는 스스로가 다른 수험생들보다 더 우수한 실력을 갖추고 있고, 그렇기 때문에 그들과 비슷한 정도로 수험 생활을 하는 것은 적절하지 못하다고 끊임없이 되뇌었다.

그리고 시중에 나와 있는 난이도 높은 교재들을 풀면서 전처럼 어려운 문제라 괜찮다고 생각하는 대신, 이 정도는 가뿐히 풀어낼 수 있다고 생각하며 스스로를 더욱 자극했다. 나는 실력이 있다는 믿음으로 스스로를 더욱 예리하게 가꾸어 갔다.

그러는 한편, 나는 남들보다 우위에 있다는 믿음이 손쉽게 자만이나 방심으로 이어질 수 있다는 점을 경계했다. 특히 초반 모의고사에서 좋은 성적을 받자 순간 안일한 마음이 드는 것을 느끼고 더욱 조심했다.

나는 끊임없이 '그동안 노력한 데 따른 실력이 있기는 하지만, 그래봤자 일 년 공부한 게 전부다.', '타고난 재능이 없으니 노력으로 그것을 메꿔야 한다.' 같은 문장을 계속 생각하고 다이어리에 적으면서 스스로가 편안하게 공부하는 것을 막았다.

그리고 여러 책과 자료를 아침마다 읽으면서 어느 분야든 정점에 오른 사람들이 가장 열심히 한다는 사실을 스스로에게 계속 보여줬다.

시험기간에 밤새워서 공부하느라 고통받으면서도 그 과정에서 즐거움을 찾는 명문대 학생들, 수많은 회의적인 시각을 이겨내고 회사를 성공적으로 이끈 여러 CEO, 수없이 많은 실패를 겪었지만 끝내 딛고 일어나 목표를 이룬 위인들처럼 나 역시 이번 삼수에서 재수보다 더 멋지게 성장해 낼 것이라고 다짐했다.

또한, 나는 타협하지 않는 수험생이라는 정체성도 키웠다. 독학으로 하는 수험 생활에서는 내가 똑바로 살피지 않으면 하루가 쉽게 흐지부지 지나갔다. 그리고 그렇게 흐지부지 보내는 시간은 쉽게 다른 날로 전염되었기에 수험생으로서는 매우 치명적인 행동이었다.

그래서 나는 스스로에게 그런 애매한 시간을 보내는 것을 애초부터 싫어하는 사람이라는 생각을 주입했다. 그리고 일부러 하루 15분 낮잠을 자는 시간조차 엄격하게 관리하면서 그런 생각에 맞춰갔고, 시간이 지나면서 그런 생각이 익숙해진 뒤에는 수험 생활 전반적으로 내가 해야 하는 일에 이런 생각을 적용했다.

그중에서도 나는 특히 모의고사 점수에 일희일비하는 것을 경계했다. 수험생은 결국 점수로 자신을 증명해야 하지만, 그 과정에서 받는 수많은 점수들이 모두 진짜 실력을 드러내는 것은 아니었다.

그런데 한 번의 모의고사에서 받은 점수에 따라 감정이 움직여서는, 내가 몇 점을 받느냐에 따라 마음이 일관되지 못하고 이리저리 흔들리기 쉬웠다.

그래서는 점수가 좋은 날에는 안일함 속에서, 점수가 낮은 날에는 불필요한 자아 비판 속에서 시간을 허비하게 될 터였다. 그렇기에 나는 어떤 모의고사를 치든 기계적으로 받은 점수가 내 실력에 기반해서 나온 것인지, 아니면 조금이라도 운 같은 불순물이 섞인 것인지부터 살폈다.

그리고 문제를 쭉 훑어보면서 맞은 답 중에 그런 불순물의 영향력이 강하다고 판단되면, 그 문제도 틀린 것을 간주하고 다른 오답과 마찬가지로 다시 처음부터 풀어나갔다.

마지막으로, 나는 스스로가 멀리 보면서 공부하는 사람이라고 믿었다. 앞서 말했듯 나는 목표를 설정할 때부터 대학 진학에 얽매이는 것을 경계하고 있었다. 지금 하는 수험 생활이 앞으로의 삶에 있어서 어떤 대단한 일이라고 바라보기보다는, 그냥 원래 살아가는 동안 계속 공부하는 입장인데 시기가 수험생으로 보내야 하는 때라서 수능을 준비하는 것뿐이라고 생각했다.

그리고 스스로가 더 좋은 대학에 가기 위해 일 년을 더 투자한다는 사실을 굳이 떠올리려고 하지 않았다. 그렇게 지금 하는 공부에 의미를 부여하는 것은 오히려 내가 수험 생활을 이어가는 것을 방해한다고 생각했다.

재수 때야 딱 일 년만 하자는 생각으로 임하면 됐지만, 삼수부터는 그런 생각도 할 수 없었기 때문에 마냥 현재에 집중하면 답답함이 몰려왔기 때문이다.

수능 공부라는 사실에 집중하는 대신, 나는 어차피 계속 공부할 사람이고 그 과정에서 만난 수험 생활을 만났을 뿐인데, 이왕이면 높은 점수를 받는 게 좋으니까 열심히 공부한다는 식으로 생각하며 공부하려고 했다.

그리고 비슷한 논리로 나는 누군가에게 배려 받아야 하는 입장이 아니라는 점을 분명히 했다. 보통 삼수쯤 가면 그냥 수험생이 아니고 장수생이라는 별칭이 붙으면서, 자신을 시험에 완전히 내던진 입장이라고 보는 경향이 있다.

당시 내 주위에서도 따로 부탁하지 않더라도, 먼저 나를 생각해서 공부에 불필요한 것들이 방해하지 못하도록 환경을 조성해주었다.

그런데 수능 공부에 매몰되면 그런 배려를 당연한 것으로 여기고, 사소한 것에도 배려해주지 않았다고 생각하며 신경질적으로 반응할 수 있었다.

그러면 수능 당일이 다가올수록 점점 더 강박적으로 변하고, 그 과정에서 시험에 대한 집중력마저 해칠 수 있었다. 즉 주변 사람들의 배려에 힘입어 더 좋은 결과를 내는 것이 아니라, 자기 손으로 그 배려가 스스로에게 악영향이 되도록 할 수도 있었다.

따라서 나는 현재의 내가 별다른 걱정 없이 삼수를 할 수 있다는 점만으로도 감사하다고 계속 생각했다. 동생이 나를 방해하는 것 같거나, 부모님 가게에 식사하러 갔는데 부모님이 잠시 일을 시키시면 순간 나를 삼수생으로 생각하지 않는 것 같아 불만이 생겼지만, 그 자리에서 짜증을 내기보다는 내가 받는 거에 비하면 이 정도는 아무것도 아니라는 생각으로 가볍게 해결했다.

[성장의 조건 #12]

열두 번째 조건, 정체성

일반적으로 정채성이라고 하면 그동안 자라면서 내가 갖게 된 나라는 한 사람이 갖게 된 변하지 않는 특징 정도로 생각한다. 하지만 한 사람은 자신이 어떤 특징을 갖고 있는지에 따라 자신을 바라볼 수도 있지만, 자신이 스스로를 어떻게 바라보는지에 따라 그런 특징을 가질 수도 있다.

성장 과정에 있어 자신을 어떻게 바라보는가에 따라서, 그 과정이 견딜만할 수도 도저히 버틸 수 없게 느껴질 수도 있는 것이다. 그래서 자기 자신에 대한 스스로의 생각을 정리하는 것은 성장에 있어 상당히 중요한 과정이라고 볼 수 있다.

재수 때 후회에 휩싸인 채 삼수를 시작했던 내가 스스로에 대해 긍정적인 정체성을 형성하지 않았다면, 나는 결코 삼수 생활 동안 성장할 수 없었을 것이다. 삼수부터는 훨씬 어려운 문제를 풀고 더 많이 공부해도 점수가 눈에 띄게 늘 수 없는 입장이었다.

당연히 그런 상황에서는 내가 노력하는 만큼 결과물이 안 나온다고 느껴지는 때도 많았다. 만약 내가 스스로의 실력에 대한 믿음을 갖지 못했다면, 나는 분명 그런 순간을 마주할 때마다 주저앉았을 것이다.

그리고 스스로가 타협하지 않는 수험생이라고 생각하지 않았다면, 아마 삼수 동안 내가 해낸 공부는 매일 나의 감정에 따라서 요동쳤을 것이다.

결국 내가 삼수를 시작하기 전 스스로에 대한 생각을 정리한 것은, 그 과정에서 스스로가 좌절하거나 안주하는 일 없이 최선을 다하도록 노력하는 바탕이 된 셈이었다.

이처럼 어느 정도 성장한 뒤부터는 자신이 들인 노력을 바탕으로 나에 대한 긍정적인 정체성을 형성하는 것이 앞으로의 성장에 중대한 영향을 미친다. 그러나 정체성은 그저 생각한다고 만들어지는 것이 아니다. 그보다는 두 가지를 기억해야 한다.

첫째로 정체성을 활용하는 방식은 사실상 나의 생각을 활용하는 것이기 때문에, 무엇보다 스스로의 믿음이 중요하다. 단순히 남들이 내게 "너는 ~한 사람이야."라고 말해주는 것으로는 부족하다.

타인들의 인정을 통해 스스로에 대한 자신감을 갖질 수는 있지만, 그것을 정체성의 기반으로 삼는다면 오히려 주위의 평가에 쉽게 흔들리면서 성장에 악영향을 줄 수 있다. 그러므로 타인의 평가를 고려하더라도 어디까지나 그 전제는 내가 믿고 있는 자기 자신의 모습에 두어야 한다.

다만, 여기서 정체성은 내가 '믿는' 모습이라는 점을 기억해야 한다. 정체성은 객관적인 증거들로 입증해야 하는 종류의 대상이 아니다.

애초에 나에 대해 스스로가 어떤 사람인지 생각하는 것이기에, 정체성과 관련해 객관성은 별로 중요한 고려요소가 아니다.

오히려 필요하다면 아직 부족한 지금의 모습보다 더 이상적인 모습을 상상하고, 그 모습을 자신과 동일시할 수도 있다.

둘째로, 정체성을 만드는 것은 한순간에 일어나지 않는다. 정체성을 갖추는 것은 어디까지나 스스로에 대한 정의를 내리는 것이지, 나를 속이는 것이 아니다.

그렇기에 스스로에 대해 새로운 생각을 가졌다고 끝나는 것이 아니라, 그 생각에 걸맞게 행동함으로써 그 정체성에 부합하는 사람이 되기 위해 노력해야 한다.

무에서 유가 창조될 수는 없는 것처럼, 단순히 내가 어떤 사람이라고 생각만 해서는 결과가 변하는 것은 아니다.

오직 충분한 시간을 들여 천천히 스스로의 그런 모습을 입증하는 과정을 통해서만 정체성을 제대로 함양할 수 있다.

항상성

삼수부터는 이미 했던 공부를 더 날카롭게 만드는 시간을 가져야 했기 때문에, 다른 무엇보다 자칫 지루해질 수 있는 시간을 꾸준하게 이어가는 항상성이 중요했다.

하지만 사람 자체가 익숙한 대상에는 잘 집중하지 못하기 때문에, 이를 그저 열심히 공부하자는 생각만으로 다루는 것은 불가능했다.

그래서 나는 항상성을 유지하는 한편 꾸준히 공부하여 실력을 향상시킬 수 있도록, 여러 장치들을 재수 때 루틴을 만들었던 것처럼 곳곳에 심어둔 채 수험 생활을 이어갔다.

우선 기존에 수능 시간표에 맞춰 공부했던 것을 잠시 그만두고, 더 유연한 상태로 공부하는 방식을 선택했다. 어차피 일 년간 시험을 준비하고 시험을 쳐보면서 실전 감각까지 충분히 익힌 상태였다.

이제는 굳이 수백 일이 남은 시점부터 스스로를 수능 시간표에 맞출 필요는 없었다. 그런 시간은 모의고사를 보는 날이나, 시험이 코앞으로 다가온 10월쯤이면 충분했다.

아침에 하는 독서시간에 기존에 쉬는 시간에 읽던 은사님의 자료들을 함께 보면서, 하루를 좀 더 여유로운 마음으로 시작했다.

공부하는 중간에 피곤하다 싶을 때 집에서 할 수 있는 스트레칭과 가벼운 근력 운동할 시간도 넣음으로써, 너무 공부만 붙잡고 있지 않도록 조심했다.

시험을 보기 위한 공부는 상당히 많은 에너지가 들기 때문에, 연속해서 준비하고 있는 내 입장에서는 쉽게 퍼질 위험이 있었다. 이미 시험에 대한 감각도 다 갖춘 내 입장에서 굳이 스스로를 지나치게 엄격한 틀에 맞추려고 했다가, 오히려 역효과로 중간에 지치기라도 하면 더 큰 문제였다.

그래서 수능 시간표에 맞춰서 하루를 통제하는 데서 오는 이점을 누리기보다는 위험을 제거하는 데 초점을 맞춘 것이었다.

다음으로 나는 제한적인 외출도 허용했다. 재수 때는 외출을 통제해서 여러 유혹거리로부터 스스로를 차단하고 외출에 드는 시간마저 공부에 쏟아야 하는 입장이었지만, 삼수 때부터는 아니었다.

앞서 말했듯 그 과정에서 지쳐서 꾸준함을 잃어버리는 것이 외출을 통제해서 얻을 수 있는 이득보다 더 중요했기 때문이다. 그래서 나는 삼수 때부터는 산책도 나가고 근처 공원에서 운동도 해주면서 종종 시간을 보냈다. 물론 그렇다고 해서 나가고 싶을 때마다 나갔던 것은 아니었다.

그 대신 나는 외출을 스스로가 항상성을 유지할 수 있도록 하는 일종의 보상으로 만들었다. 일정 기간 진도를 충분히 잘 마무리했고, 오늘 하루도 외출하기 전까지 잘 보냈다는 생각이 들 때만 밖에 나가는 것을 허용하는 식이었다.

무엇보다 운동은 근처 공원으로 간다고 해도 몇 시간씩 시간이 필요했고, 갔다 와서도 다시 공부에 집중하기까지 시간이 필요했기 때문에, 되도록 모의고사를 치고 그날 해야 할 분석을 평소보다 일찍 마쳤을 때, 기존에 풀던 교재 회독을 마무리했을 때 정도의 일이 있을 때처럼 특별한 날에만 다녀왔다.

그리고 운동을 다녀온다고 하더라도 밖에서 아무 운동이나 했다가는 다칠 위험이 있었기에, 당시에는 배드민턴이나 조깅처럼 부상 위험이 적은 운동만 골라서 했다.

또한, 이렇게 유연하게 바꿔준 하루 패턴에 맞춰서 기존에 세우던 공부계획 역시 수정했다. 사실 계획 방식 자체는 이미 기존 방식도 충분히 훌륭했다.

교재를 끝나는 시점을 기준으로 하여 월, 주, 일 순으로 나누어서 오늘 해야 할 분량을 확인하는 방식은, 그날의 분량을 매우 정확하게 알려줬다.

하지만 이제 공부하는 내용들 속에는 그전에 한 번씩 본 내용들이 여기저기 섞여 있었다. 그래서 전에 본 것과 유사한 내용들이 얼마나 들어가 있느냐에 따라서 중간에 예상보다 공부가 일찍 끝나는 날이 종종 생겼다.

문제는 기존처럼 계획을 세우면서 내가 나눈 분량에, 그전에 봤던 내용이 어느 정도로 섞여 있는지까지 자세히 파악하기는 매우 어렵다는 점이었다.

그러다 보니 평소처럼 계획을 짜고 공부를 했는데 오후 일찍 해야 할 공부를 마치고 시간이 비는 경우가 종종 생겼다. 그런데 그 와중에 삼수를 시작하면서 스스로에게 휴식할 시간을 주고 있다 보니, 중간에 비는 시간이 발생하면 쉽게 마음이 흐트러질 수 있었다.

따라서 이를 해결하기 위해 기존처럼 1~2개 여유 있게 계획을 세우는 방식 대신, 암기해야 할 내용들을 따로 골라서 공부 맨 뒤에 배치했다.

그리고 이 내용들은 마치 게임 속 반복해서 깰 수 있는 퀘스트처럼, 횟수나 진도에 큰 의의를 두지 않고 계획의 틈을 메우도록 남은 시간 내내 반복했다.

주로 그 대상으로 삼았던 건 영어 단어와 국어 어휘였는데, 이들은 이미 재수 때 충분히 공부해서 집중해서 해야 할 대상들도 아니었기에 그런 시간에 하기에 적합했다.

그래서 삼수부터는 이런 소소한 공부들은 계획표에 굳이 추가하지 않더라도 시간이 날 때마다 봐주는 방식으로 공부했다.

하지만 그렇다고 항상성을 위해 스스로를 그전보다 마냥 편하게 만들었던 것은 아니었다. 나는 삼수 과정에서 다이어리에 하루를 어떻게 보냈는지 구체적으로 기록하면서 더욱 정교한 피드백 방식을 도입했다.

기존에는 아침, 저녁에 걸쳐 두 번의 일기를 쓰며 하루를 피드백했다면, 삼수부터는 기상해서 취침하기까지 각 시간을 어떻게 지냈는지 하나하나 시간을 보며 기록했다.

예를 들어, 4시 25분 기상, 5시 30분까지 독서, 7시까지 모의고사 분석, 8시 45분까지 국어 문제집 공부, 9시까지 아침 식사 같은 형식으로 하루를 어떻게 지냈는지 상세히 적었다.

그리고 매주 주말 다음 주 계획을 세울 때 이를 통해 하루 패턴을 분석해서 단순 진도 외에도 아쉬웠던 부분이 있었다면 그 부분을 보완할 수 있도록 했다.

그전처럼 국어를 아침에 공부할 때보다 점심 전 시간대에 공부하면 더 적은 시간에 공부를 마치는 일이 반복적으로 보인다 싶으면 그렇게 했다.

나중에 독서나 자료 공부 비중을 줄인 자리에 무엇을 넣을지 고민할 때는 반복적으로 공부 시간이 오래 걸렸던 교재들을 아침에 해보고 그때 걸린 시간을 그전과 비교해서 할당했다.

교재를 마치고 새로운 교재를 준비하면, 그전 기록을 살펴보면서 그와 비슷한 교재에 걸렸던 시간의 평균을 추측해서 최적의 시간에 배치했다.

이렇게 시간단위로 남겨둔 기록을 통한 피드백은 시간이 지날수록 더 정교해질 데가 없어 보였던 계획을 극한으로 개선했다.

[성장의 조건 #13]

열세 번째 조건, 항상성

사람이 항상성이 있다는 것은 자신이 해야 할 일을 언제나 똑같이 할 수 있음을 의미한다. 이러한 항상성은 최종 목표를 달성하는 데 결정적인 역할을 한다. 목표를 향해 나아가는 과정이 길어질수록 당연히 그 과정에 예상하지 못한 문제가 발생할 확률은 올라간다.

그리고 그중에는 해야 할 일에 들어가야 할 집중력을 흩트리는 문제들도 분명히 존재한다. 그래서 어느 정도 성장 과정에 오르고 나면 어떤 극적인 변화를 만들어 내는 것보다도, 자신이 낼 수 있는 출력의 80% 정도를 꾸준하게 해야 할 일에 투자하는 항상성이 목표 달성에 더 큰 영향을 미치게 된다.

항상성을 제대로 유지하는지에 따라 한 사람의 도전의 최종 성공 결과가 달라지는 것이다.

하지만 항상성은 스스로를 몰아붙인다고 만들 수 있는 자세가 아니다. 그게 가능했다면 나 역시 삼수, 사수까지도 재수 때처럼 극단적인 방식으로 생활했을 것이다.

하지만 장거리 레이스에서 스프린터처럼 달려서는 절대 순위권에 들 수 없듯이, 극단적인 방식으로 자신을 끌고 가는 방식 역시 성장 과정이 길게 이어지면 어느 순간 힘을 잃고 만다. 그러므로 항상성도 전략적으로 함양할 수 있어야 한다.

우선, 항상성을 위해서는 휴식도 중요하다. 평생 활력 있게 살기 위해서는 낮에 열심히 활동하는 것만큼 밤에 충분히 자면서 체력을 회복하는 것 역시 중요하다. 이는 목표를 달성하며 성장하는 과정에서도 똑같다. 내가 해야 할 일에 에너지를 많이 사용할수록, 그에 비례해서 휴식 시간도 충분히 길게 가져가야 한다.

삼수 시절에 처음으로 내게 걸었던 제약을 풀었을 때 나는 왠지 모르게 죄책감을 느꼈다. 뭔가 내게 휴식 시간을 주는 것이 최선을 다하지 않는 것처럼 느껴졌기 때문이다.

그리고 의외로 이런 생각을 하는 사람들이 많다. 쉬는 것을 게으름으로 여기고, 열심히 일하고 움직이는 것을 성실하다고 생각하는 것이다.

그러나 휴식은 그 자체로 잘못된 것이 아니라, 일해야 할 때 쉬기 때문에 문제가 되는 것이다. 성실한 것 역시 지나치게 되면 얼마 가지 못해 지치게 만든다는 점에서 덮어 놓고 좋다고 말할 수 없다.

중요한 것은 정확한 기준이다. 스스로를 억지로 끌고 가는 것이 아니라, 정확한 휴식 기준을 마련해서 나아갈 힘을 확보해야 한다. 기준이 없으면 휴식이 일을 침범하거나 그 반대 상황이 벌어짐으로써, 일과 휴식 모두 애매해지는 최악의 상황을 마주할 수 있다.

그러면 단기간으로 보면 남들보다 훨씬 열심히 하는 것 같은데, 중간 정도만 되어도 나아갈 힘을 소진하여 이도 저도 아닌 상태에서 멈추고 만다.

그런 상태가 지속되는 중에도 계속 스스로를 다독여서 다시 도전할 수는 없다. 한 번 도전하는 정도야 힘들어도 억지로 나를 끌고 갈 수 있지만, 그걸 평생 반복하는 것은 불가능한 것이다. 그러므로 더 오래 나아가고 싶다면 쉴 때와 일할 때를 엄격하게 구분해야 한다.

다음으로, 아주 사소한 핑계로도 항상성이 무너질 수 있음을 기억해야 한다. 내가 하는 과정에 익숙해지고 나면 사람은 방심하기 쉽다. 그리고 그런 상태에서 상황이 여의치 않다 싶으면 '하루 정도는 괜찮지.'라는 생각으로 하던 일을 중간에 멈추고 늦장 부리는 것을 합리화한다.

성장은 언덕 꼭대기에 바위를 굴려 올리는 과정과 같다. 잠깐 돌을 지지한 상태로 숨을 몰아쉬는 것은 가능할지는 몰라도, 옆에 주저앉은 채로 바위를 혼자 두는 것은 불가능하다.

그런데 사람들은 대개 완전히 드러눕는 것처럼 아예 포기하는 것은 잘 경계하지만, 바위를 옆에 치워두고 쉬는 것처럼 잠깐 방심하는 것에는 지나치게 관대한 경향이 있다. 완전히 포기한 것도 아니고 잠깐 쉬어 가는 것인데 문제될 게 없다는 생각이다.

애초에 정해진 시간에 맞춰 쉬는 것이 아니라면, 휴식의 정도는 중요하지 않다. 번지점프 같은 시도가 한 번이 어렵지 또 시도하는 것은 어렵지 않은 것처럼, 내가 정한 기준을 어기는 것도 한 번 하고 나면 다음에는 더 쉽게 어기게 된다. 그렇게 되면 이제껏 공들인 과정이 무너지는 것은 한순간이다.

따라서 나 스스로가 발전한다고 느낄수록 더욱 엄격하게 스스로 정한 계획과 루틴을 지켜야 한다. 예전보다 내가 세운 계획과 루틴을 지키는 것이 어렵지 않다면 그에 맞춰 수준을 높여야지, 방심하고 놀아서는 안 된다.

좌절과 극복

그렇게 재수 일 년에 추가로 삼수 일 년을 꽉 채웠던 나는 마침내 삼수 수능 당일을 맞이했다. 그리고 실전에서 심각할 정도로 시험을 망쳤다.

재수 때보다 더 많이, 더 수준 높은 실력을 갖추고도 삼수 수능에서 실패한 데에는 여러 가지 이유가 있었겠지만 가장 결정적이었던 것은 당일 멘탈을 지키지 못했다는 사실이었다. 재수 때는 조금 떨리기는 했어도 컨디션 좋게 일어나서, 별다른 문제없이 시험을 시작했다.

그런데 삼수 때는 아직 수능경험이 없던 동생이 내 부탁이 간절하다고 느끼지 않았는지, 내가 자는 방을 11시에 왔다 갔다하다가 나를 깨우고 말았다. 그래서 그 뒤로 꼬박 밤을 새서 제대로 잠을 못 잔 채로 일어나, 어지럽고 화가 나는 마음을 애써 참으며 시험장으로 향했다.

그렇게 도착한 시험장에서 마주한 국어 시험은 하필 역대 최고로 어렵다는 평을 받은 시험이었다. 솔직히 지금 생각하면 평소 실력대로 차근차근 도전했으면 충분히 풀 수 있는 수준이었는데, 이미 전날 밤의 일 때문에 흔들리기 시작했던 멘탈은 문제가 잘 안 풀리자 완전히 부서져버렸다.

그리고 나는 시험장에서 남은 시험들을 치면서도 멘탈을 제대로 수습하지 못해 줄줄이 망치고 말았다.

그날 수능을 마치고 밖으로 나오니 허탈감만 가득했다. 내가 바친 일 년이 눈 깜짝할 새에 사라져버린 기분이었다. 삼수 때 봤던 두 번의 평가원 모의고사에서 모두 그전보다 훨씬 높은 점수를 받아서 목표했던 대로 지원할 수 있겠다고 생각하며 지내다 보니 그 허탈감이 배로 다가왔다.

채점을 해보자, 점수가 재수보다 한참 아래였다. 당시 나는 세상에 배신당한 기분이었다. 그런 정신 상태는 시간이 지날수록 괜찮아지기는커녕 점점 더 악화되었다. 살면서 그런 좌절감을 느껴본 적 없던 나는 은사님과 주변 어른들의 도움에도 쉽사리 정신을 차리지 못했다.

하루에도 몇 번씩 스트레스 때문에 가슴이 답답해 미칠 것 같았고, 우울감에 웃음을 완전히 잃어버렸다. 무엇보다 내가 할 수 있는 선택지가 또 수험 생활을 하는 것과 그냥 적당히 마무리하는 것 두 개밖에 없었기에, 그런 상태를 벗어나기는 매우 힘들었다.

처음에는 그래도 스스로 지금 상황을 정리해보려고 노력했지만, 나중에는 '문이과가 통합돼서 나 같은 문과는 싸움이 안 된다.', '내 부탁에도 불구하고 나를 깨운 동생, 시험장에서 끝까지 다리 떨었던 그 사람 때문에 내 시험이 망했다.' 같은 식으로 모든 원인을 외부 탓으로 돌렸다. 그리고 애써 털어냈던 자기혐오와 자기연민에 다시금 빠진 채로 하염없이 시간을 보냈다.

하지만 어차피 결과는 벌어진 일이었고 나는 눈앞에 놓인 두 선택지 중에서 하나를 선택해야 했다. 그래서 나는 끝내 사수를 선택했다. 물론 그 결정을 내리는 데까지 쉽지 않았다.

이제 내게 수능은 끔찍한 경험이 되었고, 그런 생각은 사수를 결정한 뒤에도 나를 괴롭혔다. 나중에 생활을 어느 정도 정상적으로 만든 뒤에도 몇 달 동안 우울감을 떨쳐내지 못한 채 고통받을 정도였다.

그렇지만 나는 스스로를 계속 설득했다. 이대로 우울감에 빠져 지내면서 스스로를 불쌍하게 여기면 아무런 이득이 없다는 것을 계속 생각했다.

지금의 감정에 매몰되어 기껏 끌어올린 수준을 다시 처음으로 회귀시킨다면 내게는 더 이상 버틸 힘이 없었다. 그럴 바에는 그냥 마지막으로 일말의 후회조차 남지 않게 공부하고 수험 생활을 그만두자고 생각했다.

그렇게 나는 삼수의 감정을 기억 저편으로 보낸 뒤에 본격적으로 사수에 들어갔다. 그럼에도 사수는 6월 모의고사 전까진 사실상 실패로 망가진 감정을 복구하는 시간에 가까웠다.

나는 늘 하던 대로 계획을 세우고 시간을 기록해서 스스로를 피드백했지만, 그 모든 행동은 전처럼 공부를 더 날카롭게 다듬기 위해서가 아니라 부서진 멘탈을 복구하고 다시 일어설 수 있는 자신감을 불어넣어주는 과정이었다.

내가 가장 먼저 한 일은 현 상황에 대한 인정이었다. 나는 삼수 결과를 떠올리며 외부 탓하기를 그만두었다. 그렇게 실컷 과거를 대상으로 온갖 부정적인 말과 생각을 던져도 달라지는 것은 아무것도 없었다.

생각만 해도 분하지만 어쨌든 나는 공식적으로 실패한 몸이었고, 이대로 가다 간 기껏 들인 2년의 세월조차 무의미해질 판이었다.

그래서 그냥 나의 상태를 받아들였다. 물론 그 상황을 완전히 받아들이기까지 매우 오랜 시간이 걸렸고(6월 모의고사쯤이었으니까, 거의 7개월이 걸린 셈이었다), 그 과정에는 엄청난 인내심이 요구되었지만, 그래도 시간이 지나면서 서서히 스스로의 그런 모습도 받아들일 수 있었다.

다음으로 나는 관심을 공부로 돌렸다. 삼수가 끝나고 새해가 찾아올 때까지도 공부가 손에 잡히지 않았다. 이젠 정말 무엇을 해야 할지 몰랐던 것도 있었고, 아무 교재라도 보려고 하면 자꾸만 가슴이 답답해서 그랬던 것도 있었다.

하지만 그 이유가 무엇이든 실패한 결과 때문에 공부를 하지 못한다는 것은, 삼수를 시작하며 미래들을 그려가면서 대학 진학에 매몰되지 않겠다고 했던 내 다짐과 명백히 어긋나는 일이었다.

그래서 나는 상황에 대해 어느 정도 인정하면서 초심으로 돌아가자는 생각으로 개념서부터 다시 시작했다. 사실 이미 내게 개념은 눈 감고도 다 쓸 수 있을 정도로 익숙했지만, 내가 그리는 목표에 도달하기 위해서는 중간에 어떤 이유로든 공부를 손에서 놓는 것을 허용할 수 없었기 때문이다.

나는 그렇게 개념서를 공부하며 부서진 멘탈을 복구했다. 그리고 6월이 될 때까지 거기에 기출이나 수능특강 같은 기본적인 교재들만 추가로 풀면서 다시금 공부의 기초를 다져갔다.

그리고 그 과정은 내게 예상치 못한 변화를 가져왔다. 나는 그 시간을 보내며 멘탈이 부서지기 전의 나로 돌아가지 않았다.

오히려 주어진 상황에서 절망하는 대신 억지로라도 뭐든 해보며 홀로 일어서고자 노력하는 과정은, 분명 지난 삼수까지의 경험에서는 얻을 수 없었던 무언가를 내게 심어주었다.

수능을 망치고 삼수 때 들인 노력이 완전히 물거품이 되었다고 생각했는데, 멈추지 않고 나아가다 보니 그 경험들은 어느새 나의 자아를 한층 더 강하게 만들고 있었다.

나는 멘탈이 무너져 아무것도 못하고 무너져 내린 과거와 다르게, 주어진 상황이 아무리 절망적이어도 버티면서 해야 할 일을 할 수 있는 힘을 기르고 있었다. 그리고 이는 분명 앞으로 목표를 향해 나아가는 과정에서도 내게 큰 도움이 될 것이었다.

나의 노력은 결국 6월 모의고사에서 종전의 성적을 복구하면서 작은 결실을 보았다. 하지만 이때 받은 점수는 삼수 수준과 비슷하긴 했지만, 스스로의 멘탈을 회복하는 한편 이뤄낸 결과였기에 내게는 더 값진 결과로 다가왔다.

그 뒤로 나는 그 결과를 보며 머릿속에 드는 각종 부정적인 생각을 떨쳐내고 다시금 공부에 집중하기 시작했다.

[성장의 조건 #14]

열네 번째 조건, 극복

삼수 때 내가 실패했던 것처럼, 내가 최선을 다한다고 해서 세상 모든 일이 내가 생각하는 대로 다 이루어질 수는 없다. 물론 이 냉정한 현실을 모르는 사람은 없다. 단지 내가 노력한 그 시간이 부정당하는 것을 태연하게 받아들일 수 없을 뿐이다.

그러나 어차피 결과는 벌어졌고, 후회와 좌절로는 문제를 해결할 수 없다. 그래서 우리는 스스로가 다시 일어나도록 설득해야 한다. 목표를 위해 최선을 다해 노력하는 것만큼, 실패를 겪었을 때 거기서 벗어날 수 있도록 노력하는 것 역시 성장에 있어 필수적이다.

좌절에서 벗어나는 것은 분명 어려운 일이지만 그렇다고 불가능한 일은 아니다. 내게 절망스러운 상황이 닥쳤을 때 어떻게 대처하느냐에 따라서 보다 수월하게 벗어나는 것도 가능하다. 나는 이와 관련해 세 가지 태도가 중요하다고 본다.

일단 첫 번째는 현실을 있는 그대로 받아들이는 것이다. 앞서 말했듯 이미 결과는 나왔고, 내 감정이 어떠하든 변하지 않는다. 그리고 사람들이 겪는 대부분의 일은 그 순간 아무리 절망적이고 거기서 삶이 끝날 정도는 아니다.

그래서 좌절감이 들 때는 감정에 집중하지 말고 현실 그 자체를 살펴야 한다. 그리고 냉정하게 앞으로 얼마만큼의 시간이 어떻게 주어지는지, 내가 그 시간을 통해 할 수 있는 것과 할 수 없는 것은 각각 무엇인지 생각해봐야 한다.

처음에는 짜증이 나고 화가 나가서 그런 고민을 제대로 할 수 없을지 모르지만, 이런 행동을 반복하게 되면 시선을 미래로 돌릴 수 있다. 그러면 우리는 이미 벌어진 일보다 아직 정해지지 않은 시간에 계속 노출되는 셈이기에, 자연스럽게 과거의 실패에서 벗어날 수 있을 것이다.

두 번째로 중요한 태도는 새로운 목표를 세우는 것이다. 실패한 목표를 계속 붙들고 있으면 그때 그럴 걸 하는 후회만 늘어날 뿐, 아무런 도움이 되지 못한다. 이는 죽은 식물에 고급 토양과 영양제를 아무리 부어도 꽃을 피울 수 없는 것처럼 당연한 이치다.

그러므로 늘어나는 후회로 괴로워할 시간에 자신에 대한 파악이 끝났으면 새로운 목표를 잡아야 한다. 목표는 어디까지나 나의 성장 과정에서 제대로 나아가기 위해 꽂아 두는 표지판이다.

기존에 나아가던 길이 막혔다면 꽂았던 표지판을 회수하고, 다시 새로운 길을 찾아 표지판을 배치한 뒤 출발하면 된다. 그 과정에서 괜히 불필요하게 지나온 길을 돌아보다가는, 지금 나아가야 하는 길도 제대로 못 갈 수 있다.

세 번째로 중요한 태도는 좌절 경험에서 배우려고 하는 것이다. 실패로 감정 소모하고 지칠 바에는 차라리 그 속에서 뭐든 하나 건져보려고 하면 분명히 얻어갈 점이 있다.

세상에 자수성가한 사람들 대부분이 실패하지 않아서 성공한 것이 아니라, 실패 속에서 일반적인 방법으로는 절대 얻을 수 없었을 경험과 교훈을 얻어서 적용했기에 성공했다고 볼 수 있다. 나 역시 그런 경험을 삼수 때 겪음으로써 완전히 부서졌던 멘탈을 전보다 훨씬 단단하게 다시 만들 수 있었다.

실패에 좌절하게 되면 머릿속에는 자연스럽게 내 능력으로는 성공할 수 없다는 생각이 들 수밖에 없다. 하지만 냉정히 말하지만 그건 격한 감정으로 인해 명백히 착각하는 것이다. 그런 착각에 빠져 허우적거릴 시간에 새로운 일을 찾아서 시작한다면, 그 순간 극복은 시작된다.

감정이 다 정리되지 않아서 감정을 정리하느라 그 속도가 느릴 수는 있겠지만, 이미 좌절을 이겨내고 있다는 점에서 그 속도는 전혀 중요하지 않다. 분명 그렇게 나아가는 사람은 몇 번의 실패를 겪든 포기하지 않고 성공을 스스로 쟁취할 것이다.

성찰

사수생이 되자 수능 공부 자체는 푸는 교재가 달라지더라도 그 내용이 비슷하게 보이기 시작했다. 게다가 무언가 새로운 스킬 같은 것들을 배우려고 하면 기존의 지식과 충돌해서 오히려 역효과가 났다.

그러다 보니 공부를 하더라도 될 수 있는 대로 내가 갖고 있는 실력이 녹슬지 않도록 보강하는 데 집중했고, 이를 통해 자연스럽게 공부하느라 바쁘게 보내는 시간이 줄어들었다.

그래서 나는 그렇게 생긴 여유 시간을 활용해 그간의 수험 생활과 지금의 내 모습을 정말 많이 성찰했다. 보통 시험에 직접적인 여러 공부 방법보다는 나 자신이 그동안 보인 모습들이 대상이었다.

나는 그런 모습들을 돌아보면서 다이어리든, 이면지든, 문제를 풀던 공책이든 여기저기에 생각을 정리했다. 때로는 무작정 카메라를 앞에 두고 이런저런 내 생각을 말한 뒤에 그 동영상을 돌려보면서 스스로가 어떤 식으로 생각하고 행동하는지 바라보면서 느낌을 정리하기도 했다.

사실 처음에는 그전처럼 독서하거나 운동하면서 시간을 보내려고 했지만, 사수 초기에는 그럴만한 심리적 여유가 없기도 했고, 내가 실패한 원인도 아직 이해하지 못했기에 나에 대한 이런저런 생각을 하며 시간을 보낸 것이었다.

하지만 그렇게 가볍게 시작해 수험 생활에 그리 유익할 게 없을 것 같던 시간 속에서, 나는 미처 생각하지 못했던 스스로의 태도에 대해 돌아볼 수 있었다. 그리고 그 성찰을 통해 내가 삶을 어떻게 대하고 있었는지 고민하면서, 마음가짐을 사수에 걸맞게 다잡을 수 있었다.

우선, 나는 실전에서 한 번 실패한 걸로 스스로를 몰아세우지 말자고 생각했다. 물론 그렇게 공부하고 수능 결과가 처참한 것은, 이유를 막론하고 실패한 것이었다. 하지만 그런 실패 결과가 곧 나라는 사람 자체의 실패를 의미하는 것은 아니었다.

삼수를 거치면서 나는 모의고사처럼 과정에서 발생하는 실패에 대해서는 일희일비하지 않는 태도를 갖췄지만, 내가 최종적으로 바라봤던 목표에서 실패하는 경우는 미처 생각하지 못한 상태였다.

삼수가 끝나고 나는 그 결과를 받아들이지 못한 채 무너진 것이었다. 하지만 막상 시간이 지나고 돌아보니, 그 당시에는 스트레스 때문에 가슴이 답답할 정도로 크게 느꼈던 실패도 과거의 일이 되었고, 그 이후에도 나는 해야 할 일을 하고 있을 뿐이었다.

따라서 나는 그런 스스로의 모습을 보면서 앞으로는 어떤 실패를 겪더라도 문제가 무엇인지 따지고 해결하는 데 집중하고, 그것을 확대 해석하여 스스로를 휘감는 밧줄이 되도록 하지 않겠다고 다짐했다.

다음으로, 나는 남의 눈치를 보며 무언가를 하지 않겠다고 결심했다. 나는 삼수 때 한 번 큰 폭으로 성적이 떨어진 뒤로 주변 분들의 눈치를 다시금 보기 시작했다.

물론 공부를 하기 전과 달리 그분들께 받은 응원에 보답하지 못했다는 사실이 너무 죄송하여 눈치를 보는 것이었지만, 중요한 것은 눈치를 보는 이유가 아니라 그런 눈치가 결과적으로 그 누구에게도 도움이 안 된다는 사실이었다.

나는 그렇게 눈치를 볼 시간에 내가 내린 결정에 맞는 행동을 하는 것이 더 책임감 이게 행동하는 것이고, 그게 나를 기꺼이 도와주셨던 분들이 바라는 바라고 생각했다. 그리고 눈치를 보면서 해야 할 일을 해서는, 절대 그 과정을 통해 실전에서 필요한 자신감을 되찾을 수 없다고 느꼈다.

그래서 수능에서 한 번 실패한 걸로 주눅들어서 남들 눈치만 보고 있지 말고, 다시 얻은 기회를 제대로 살려서 그전의 실패를 만회할 정도로 진득하게 해보자고 다짐했다.

또한, 나는 어떤 결과라도 이제는 받아들이고 다음 과정으로 넘어가자고 생각했다. 사실 고등학교까지 공부를 제대로 안 한 입장이라는 것을 감안해서, 3년 정도는 수능에 쏟아도 괜찮다고 봤다.

하지만 그 이상은 무리였다. 지금도 대학에 가서 졸업하고 군대에 가면 30대가 코앞이었다. 이러다가는 대학 졸업만 해도 30대가 될 처지였다. 그래서 나는 사수에서 어떤 결과를 받더라도 대학에 진학하자고 생각했다.

그리고 삼수 때 실패했다고 괜히 아쉬운 결과를 걱정하는 나 자신에게, 이번 기회에 진짜 마지막이라 생각하고 최고의 결과를 만들기 위해 노력해보자고 되뇌었다.

[성장의 조건 #15]

열다섯 번째 조건, 성찰

어떤 분야에서든 어느 정도 실력을 갖추고 나면 문제는 외부가 아니라 내부에서 생긴다. 수능을 예로 들면, 너무 어려워서 못 푸는 문제 때문에 수험기간이 망가지는 것이 아니라, 스스로에 대한 불신, 수능 준비에 대한 회의감 등으로 인해 망가진다.

어차피 내가 못 푸는 수준이면 다른 수험생들 대부분도 어려워하는 문제일 것이고, 충분한 시간을 들이면 풀지 못한 이유를 찾아 해결할 수 있다.

하지만 나처럼 그전에 겪은 실패 경험이 스스로를 의심하게 만들거나, 수능을 준비하는 과정에서 남의 말을 따라가다가 목적성을 잃어버리는 경우처럼 문제가 내 자신인 경우, 벗어나기는 매우 어렵다.

그럴 때 필요한 것은 자신과의 대화 즉 성찰이다. 성찰은 누군가에게 보여주기 위해 하는 행동이 아니라, 순수하게 지금 내가 직면한 고민의 답을 찾아가는 과정이다. 말하자면 자기 자신에 대한 점검과 보완 과정이라고 볼 수 있겠다.

그렇기에 누구든 성찰의 시간을 갖지 않고는 성장 과정을 매듭지을 수 없다. 만약 이러한 성찰 없이 스스로가 끝에 도달했다고 느낀다면, 실제로는 내게 존재하는 결점을 바라볼 만큼 충분히 섬세한 시각으로 자신을 돌아보지 못했을 가능성이 크다.

성찰은 단순히 과거에 대해 회상하는 것이 아니다. 근본적으로 문제 해결에 초점이 맞춰져 있는 행위이기 때문에, 이 목적에 맞게 진행할 필요가 있다. 성찰 과정은 반드시 기록과 함께 해야 한다. 내면에서 시작된 문제는 이미 나에게 깊게 뿌리내리고 있는 경우가 대부분이다.

그래서 계기가 무엇이었든 한두 번 살펴보고 반성하는 것만으로 쉽게 해결되지 않는 경우가 많다. 그런 문제를 해결하기 위해서는 그 이후로 꾸준히 스스로의 문제점을 의식하고 점검할 필요가 있다.

하지만 아무런 기록 없이 성장 과정에서 마주하게 될 모든 문제를 다 기억하기란 불가능하다. 그러므로 내가 여기저기 쓰고 동영상을 남겼던 것처럼, 훗날 그 문제를 객관적으로 파악할 수 있는 수단을 남겨야 한다. 그리고 이를 참고하여 지금의 나를 판단할 수 있어야 한다.

보통 이런 종류의 문제는 내가 어디로 나아가든 집요하게 따라온다. 그래서 문제가 무엇인지, 그 문제를 해결하기 위해 어떤 노력을 했는지, 그 결과 어떻게 되었는지 등을 가급적 빠짐없이 기록해서 다음에 참고할 수 있도록 하는 것이 좋다.

또한, 이렇게 성찰을 기록하고자 한다면 의도적으로 시간을 빼는 대신, 일상생활을 하면서 떠오르는 그 순간에 기록하는 것이 좋다. 성찰의 대상은 깊이 뿌리내린 만큼 은밀하기도 하다.

내가 문제를 돌아보기 위해 의식적으로 성찰하고 기록하는 시간을 가지는 방법으로는 발견하는 것조차 매우 어렵다. 그래서 오히려 평소에 그런 문제가 눈에 들어왔을 때, 대충 넘기지 않고 거기를 성찰의 출발점으로 삼고 문제를 파악하는 것이 훨씬 효과적이다.

나는 성찰을 통해 삼수 이후로 다시금 눈치를 보는 스스로의 모습을 문득 느낀 직후, 그 모습에 대한 묘사, 그에 대한 내 부끄러움, 그래서는 안 된다는 다짐 등을 다이어리에 빼곡히 기록했다.

그리고 은사님과 대화를 나누거나, 문득 생각이 깊어질 때 그 부분을 다시 읽어보면서 스스로 눈치 그만 보고 성적으로 당당히 증명하자고 거듭 다짐했다.

비록 이 과정에서 내가 느낀 감정을 타인에게 고스란히 느끼게 할 수는 없지만, 나는 분명 그 다짐을 통해 감정적으로 힘든 순간을 이겨낼 수 있었다.

만약 눈치 보는 자신의 모습을 거듭 확인할 수 있는 기록이 없었다면, 나는 분명 뒤로 갈수록 그런 모습에 익숙해져 자연스럽게 넘어갔을 것이다.

그러면 사수 외에도 시간이 지나면서 문제를 해결하기는커녕, 예전부터 나는 그런 사람이었다고 굳게 믿은 채 살게 되었을 것이다.

마지막 결과

스스로의 마음을 다잡고, 실력을 보강하면서 보내다 보니 시간은 흘러 수능 전날이 되었다. 사수 때는 재수, 삼수만큼 공부 시간을 극한으로 뽑아내지는 못했지만, 수능 준비를 부족하게 하지 않은 시간이었다.

나는 그 일 년의 시간동안 철저히 파괴되었던 멘탈을 복구했고, 성적 또한 모의고사에서 한두 문제 정도 틀리는 수준까지 끌어올렸기에 자신은 있었다. 그런데 전날 밤부터 또다시 삼수의 안 좋은 기억이 되풀이되었다.

당시 나는 집 구조상 거실에서 생활하고 있었다. 그래서 누군가 들어오거나 나가면 현관문 소리가 다 들리는 상황이었다.

하지만 나는 평소 부모님께서 가게 일을 하시느라 집에 늦게 들어오셨지만, 단 한 번도 내가 그 소리에 깬 적이 없었기에, 부모님께 별다른 말씀을 드리지 않은 채 잠을 청했다.

그런데 정확히 수능 전날밤에 어머니께서 평소보다 일찍 집에 귀가하시면서, 나는 평소와 달리 잠에 들지 못한 채로 소음과 외부의 찬바람을 맞게 되었다. 당연하게도 그 순간 잠은 완전히 달아났고, 나는 거실 벽을 가만히 응시하면서 속으로 다급히 생각했다.

'여기서 감정이 동요하면 삼수처럼 잠을 못 잘 수 있어. 그러면 대참사야. 절대 감정이 동요해서는 안 돼! 그게 지금 내가 할 수 있는 최선이야.'

천만다행으로 그런 생각을 몇 번이고 반복하니 내 몸은 서서히 안정을 되찾았다. 나는 스스로 문제를 해결했다는 뿌듯함에 속이 편안해지는 것을 느끼면서, 다시 고요함 속에서 잠을 청했다(어머니께서는 내가 자는 줄 알고 방으로 들어가신 뒤 바로 잠드신 뒤였다).

그러나 다시 잠든 나는 한두 시간 뒤에 다시 깨고 말았다. 이번에는 악몽이었다. 사수 내내 악몽도 단 한 번을 꾼 적이 없었는데, 기가 막히게 수능 전날 밤에 처음으로 잠이 깰 정도로 강한 악몽을 꾼 것이었다.

그 순간 너무 어이도 없고 억울해서 울고 싶을 지경이었다. 나는 속으로 부디 시험장에서 제 실력을 발휘할 수만 있으면 아무 요행도 기대하지 않는다고 생각하며 요동치는 감정을 뒤로 하고 잠을 청했다. 그 뒤로 다시는 잠을 잘 수 없었고, 나는 또다시 뜬눈으로 밤을 지새운 채 수능장에 가야 했다.

시련은 거기서 끝나지 않았다. 당시 나는 시험장으로 집 근처에 있는 고등학교를 배정받은 상태였다. 당연히 나는 전날까지 쾌재를 불렀다. 거기까지는 걸어서도 가본 적이 있는 곳이었기에 부모님 차를 타고 갈 필요도 없었다.

조금 피곤하긴 하지만 걸어가면 20분 정도이므로 조금 여유 있게 출발해서, 걸어가는 길에 정신을 깨우고 시험장에서 준비하자고 생각했다.

그런데 지난 10년 넘게 돌아다녔던 동네에서 나는 그만 길을 잃고 말았다. 그래도 처음에는 차분히 어머니께 전화를 드려서 지도를 보고 길 안내를 부탁드렸지만, 분명 어머니께서 말하는 곳으로 갔는데 막다른 길만 나오자, 곧 패닉이 오기 시작했다(나중에 알고 보니 우리 동네에는 두 블록 차이로 생김새와 주변 풍경이 비슷한 다리가 두 개 존재했고, 그걸 몰랐던 나와 어머니는 서로 다른 다리를 두고 길을 논했던 것이었다).

이대로 가다 간 수능장에 못 들어갈 거란 생각이 든 나는 부모님과 통화를 하며 사방팔방으로 걸어 다녔다. 문제는 내 등에는 수능장에서 마지막으로 봐주려고 챙긴 노트와 책이 좀 있었다는 것이었다.

결국 우여곡절 끝에 한 시간이 걸려서 시험장을 찾아갔지만, 이미 온몸은 땀범벅이었고 시험장에서 무언가를 볼 시간이 더는 없는 상황이었다.

그러고는 시험 역시 삼수와 비슷한 양상으로 흘러갔다. 땀도 제대로 못 말리고 시작한 국어에서는 당연히 평소 실력을 발휘하지 못했고, 수학에서도 자꾸만 실수하며 빠르게 풀어야 할 문제에서 시간을 낭비해 많은 문제를 찍고 넘겨야 했다.

그리고 점심시간이 돼서 차게 식은 밥을 먹고 있으니 스스로의 모습이 너무 처량했다. 진심으로 마지막으로 부서진 멘탈 가까스로 잡아서 친 시험에서 내가 이런 일을 겪게 되는 건지 이해가 되지 않았다. 밥을 먹다 말고 그냥 이쯤에서 중도 포기를 하려고 했다.

그런데 그마저도 내 뜻대로 하지 못했다. 나는 점심시간이 끝날 때까지 중도 포기를 신청할 수 있는 곳을 찾아 헤맸지만 끝내 찾지 못하고 교실로 돌아올 수밖에 없었다.

하필 다음 교시가 영어라서 듣기 시간이라 감독관님께 따로 말씀드릴 시간도 없었다. 그렇게 나는 반강제적으로 자리에 앉아 영어 듣기 안내 방송에 맞춰 시험을 시작했다.

그래서 나는 그저 이왕 시작한 김에 열심히 풀기는 하자는 마음으로 시험에 임했다. 그런데 밥을 먹고 충분히 쉬어서인지,

포기하고 마음이 편해져서 인지는 몰라도 영어 시간부터 나는 본 실력을 발휘하기 시작했다.

나는 영어 시험을 20분 남기고 다 풀었다. 그리고 이어지는 한국사, 사회 탐구 과목에서도 모르는 문제 하나를 제외하면 완벽하게 정오를 판별해 풀었다.

하지만 전혀 기쁘지 않았다. 어차피 대학 진학은 국어와 수학이 결정한다는 것을 잘 알았기 때문이다. 시험이 끝나고 나는 결국 돌아가는 차 안에서 눈물을 참지 못했다.

하지만 스스로 성찰하는 과정에서 스스로 다짐했듯이 이제 나에게 수능을 도전할 기회는 없었다. 물론 감정이 격한 상태에서는 오수를 할 거라며 난리를 쳤지만, 다음 날 자고 일어나서 차분히 생각한 결과 그건 역으로 스스로의 성장을 방해하는 거라고 판단했다.

체념한 채로 시험 성적을 기다렸다. 그런데 막상 성적 뚜껑을 열어보니 이번 수능에서 다른 수험생들이 사회 탐구를 망치면서 갑자기 사회 탐구의 표준점수가 수직상승을 했다.

사수를 하면서 사회 탐구를 지겹도록 봤던 나는, 그걸 쉽게 풀어냈던 것일 뿐이었다. 그렇게 갑자기 예상했던 표준점수보다 십여 점을 더 받은 나는, 원래 가려고 했던 대학보다 입시 결과가 높았던 경희대학교 경영학과에 최초합격을 하면서 마침내 길었던 수험 생활에 마침표를 찍게 되었다.

[성장의 조건 #16]

열여섯 번째 조건, 운

원래 나는 공부를 시작한 직후에는 운을 부정했다. 사람은 오직 굳은 의지와 실천으로 자신의 길을 개척할 수 있다고 믿었다. 하지만 앞서 봤듯이 삼수와 사수 두 번의 시험에서 운이 어떻게 작용하는지를 직접 경험하면서, 운이 가진 힘을 인정하게 되었다.

운은 사람이 불완전한 존재이기 때문에 생기는 하나의 현상이다. 사람이 완벽했다면 운이라는 불확실한 힘은 작용할 수 없었을 것이다. 예컨대 사수 때 내가 수능 전날과 당일 아침에 겪었던 온갖 일들도, 모두 미리 방지하거나 현장에서 이성적으로 조치할 수 있는 일이었다.

하지만 내가 몇 가지 변수를 놓침으로써 그 모든 일이 벌어지고 만 것이었다. 그러므로 운은 그 영향력을 최소화할 수는 있어도, 완전히 무력화시킬 수는 없는 불가항력적인 힘이라 볼 수 있다.

그렇기에 중요한 것은 운을 받아들이는 태도라고 볼 수 있다. 나는 그 태도 중에서 '진인사대천명' 즉 사람으로서 할 수 있는 일을 다 했으면 나머지는 하늘에 맡기고 기다리는 태도가 가장 적절하다고 생각한다.

이는 운을 고려하지만 지나치게 의식하지 않기에, 불가항력적이지만 어떻게 작용할지 모르는 힘의 특성을 적절히 고려하는 태도라고 볼 수 있다. 운의 영향력을 완전히 배제한다면, 그 영향력에 따라 좌절하거나 거만해지기 쉽다.

반대로 운의 영향력을 지나치게 의식하면, 노력하지 않고 요행을 바라거나 쉽게 포기하게 된다. 특히 이 경우에는 최소한의 노력도 들이지 않고서 결과만 바라보기 때문에 노력으로 성공할 가능성도 없고, 원하는 결과가 나오지 않으면 쉽게 포기하니 운이 작용할 가능성 또한 없다고 봐야 한다.

따라서 운이 얼마나 영향을 미칠지 그 구체적인 수준은 각자 생각하더라도, 운을 이유로 노력의 가치를 폄하할 필요는 없다. 그 대신 지금 해야 하는 일에 최선을 다하는 데 집중한 것이 내게 더 유익할 것이다.

[성장의 조건 #17]

열일곱 번째 조건, 마무리

솔직히 사수의 끝이 아쉽지 않았다고 하면 거짓말이다. 결국 사수 수능 직후 생각했던 것보다는 좋은 대학에 진학하게 되었지만, 지난 3년의 세월을 생각하면 마냥 만족할 수만은 없는 결과였다.

하지만 감정을 추스른 뒤 내가 여기서 재도전하는 것이 스스로의 성장을 막는다고 생각했던 이유는, 그전과 달리 내 마음속에는 일말의 후회도 남아있지 않았기 때문이다.

그전에는 어떤 결과를 받더라도 항상 끝은 후회였다. 모의고사에서 한두 문제를 틀리든, 재수처럼 실전에서 높은 성적 향상을 기록했던 시험을 치고 채점을 하면 만족스럽다가도, 내가 틀린 문제들을 다시 보고 있으면 왜 못 맞혔지 하는 생각이 들어서 괴로워했다.

그리고 그런 후회 때문에 수험 생활을 그만두겠다는 생각을 좀처럼 하지 못했다. 솔직히 사수쯤 가서는 내가 이 생활에서 벗어날 수는 있는 걸까 싶기도 했다.

하지만 마지막 수능에서 하도 신기한 일들이 연달아 벌어져서 그랬는지는 몰라도, 사수가 끝난 뒤에는 수능과 관련해 아무런 생각도 들지 않았다.

그전까지는 수능 날이 지나고 일주일 안으로 좋으나 나쁘나 시험 생각이 들고 다시 시험지를 들춰봤는데, 사수 때는 두 번 다시 시험지를 펼치지 않았다. 그 대신 머릿속에 빠르게 스쳐 지나가는 지난 3년의 수험 생활을 돌아보며, 그동안 고생 꽤 했구나 싶은 생각뿐이었다.

그전에는 모든 일을 성공과 실패 두 가지 기준으로 이분법적으로 바라봤다. 그래서 내가 원하는 목표를 이루지 못한 도전은 모두 실패로 간주했다.

그래서 목표에 도달하지 못했던 삼수 당시에는 괜한 선택으로 대학도 못 가고 시간만 낭비했다고 생각했다.

그러나 사수를 마무리하고 찬찬히 돌아보니, 목표를 이루고 이루지 못하고는 적어도 자기 자신에게만큼은 성패의 기준이 될 수 없다는 생각이 들었다.

오히려 나는 분명 사수 목표를 이루지 못했지만, 그 사실은 더 이상 중요하지 않았다. 나는 내가 받은 결과를 후회없이 받아들였고, 이제는 대학에서 새로운 내용을 배우고 한 명의 인재로 성장할 때라고 느꼈다.

이처럼 스스로가 적당히 타협하고 있는지, 아니면 정말 결과에 승복하고 만족스럽게 일을 마무리하고 있는지 판단할 때면 후회가 남았는가를 돌아봐야 한다.

한두 번의 실패 경험이 곧 나라는 사람의 실패를 의미하지 않는다. 그런 결과는 내가 무엇에 집중하느냐에 따라 의미가 달라진다. 그러므로 후회없이 도전했다면 그것으로 충분하다.

[사수 이후/2023~2026]

입학

길었던 수험 생활을 마치고 진학한 대학교는 완전히 새로운 세계였다. 고요하고 정적이었던 수험 생활과 완벽히 반대의 세계였다.

시끌시끌한 대학가, 학교 전체가 울릴 정도로 크게 열리는 행사와 축제들 등 이제 막 대학생활을 시작했을 때 나는 마치 평생 산속에 살다가 도시에 나온 기분이었다.

당연히 처음에는 그 분위기에 취해 나 역시 축제에 참석해 난생 처음 연예인들 공연도 보고, 대학 주변 가게에서 친구들과 밤새 떠들면서 놀기도 했다.

하지만 그런 시간을 갖던 중 문득 내가 고작 이걸 위해서 지난 3년을 투자했던 거였나 하는 생각이 들었다. 그래서 그 뒤로는 가급적 그런 활동보다, 수험 생활처럼 나를 성장시킬 수 있는 활동들에 집중하기 시작했다.

독서

독서가 중요하다는 건 누구나 아는 사실이다. 하지만 구체적으로 어떤 방식으로 독서가 유익한지에 대해서는 잘 모르는 경우가 많다. 독서는 우리에게 적어도 두 가지 힘을 선사한다.

첫째, 이해력이 향상된다. 독서를 통해 더 많은 활자를 접할수록 문장에 담긴 뜻을 더 잘 이해할 수 있게 된다. 이는 독서의 가장 직관적인 이점인 문해력과도 관련된 사실이다.

사실 독서는 단순히 문장에 대한 이해만이 아니라 내가 겪는 모든 상황에 관해 신속하게 이해할 힘을 준다. 그래서 정확히 말하면 독서는 문해력이 아니라 이해력을 키운다고 봐야 한다.

나는 대학에 와서 틈틈이 책을 읽었다. 솔직히 처음부터 대학에 진학하면 읽으려고 한 건 아니었고, 은사님께서 방학처럼 시간이 남을 때 독서하기가 좋다고 말씀해 주셔서 본 것이 시작이었다.

얼마 읽지도 않았는데 독서 전후로 이해력에 차이가 크게 난다는 걸 느끼고서 그 뒤로 스스로 찾아보기 시작했다. 특히 내가 이를 체감했던 부분은 상황 판단이었다.

책을 읽기 전에는 어떤 일을 겪으면 그저 별생각 없이 그에 따라 반응했는데, 책을 읽은 뒤로는 자연스럽게 그 이유를 파악하게 되었다. 그래서 단순히 감정적으로 반응하지 않고 그때 필요한 반응을 적절하게 표현할 수 있었다.

둘째, 문제 해결력이 생긴다. 이는 이해력과도 연결된 부분으로 문제가 커지기 전에 수습하는 능력이었다. 독서를 통해 상황을 빠르게 파악할 수 있는 눈이 생기니 감정적으로 휘둘리지 않았고, 그 덕에 문제를 왜곡해서 받아들이지 않으니 상황이 악화되는 일도 없었다.

그래서 혹 주변인들 사이에 좋지 못한 일이 일어나 내가 휘말리더라도, 그 상황으로 불필요하게 여러 사람이 피해를 보는 일이 없도록 차분히 중재할 수 있었다.

또한, 나 혼자만의 문제가 발생했다고 하더라도 원인을 분석해 가능한 빠르게 해결할 수 있었다. 이 경우에는 책을 읽는 과정에서 따로 적어둔 기록을 직접 참고할 수 있다는 점에서도 독서가 유익했다.

예컨대 나는 훈련소에서 읽고 정리해 뒀던 심리학책 속 뇌 과학 내용을 통해, 토익 시험을 치는 데 있어 감정기복을 보다 효과적으로 관리하기도 했다.

그리고 이렇게 독서를 통해 이해력이나 문제 해결력을 상당히 쌓아 나간 분들을 보며, 책을 읽는 과정으로 평소 생각하는 수준 자체도 한층 깊어질 수 있음을 깨달았다. 그런 분들은 평소 가볍게 하는 행동 하나, 말 하나도 훨씬 정제된 형태로 드러냈고, 나는 그런 모습이 곧 이른바 지식인을 대변한다고 생각했다.

따라서 아직까지는 독서를 통해 상황을 파악하거나 문제에 대처하는 정도가 최선이지만, 궁극적으로는 나도 그런 분들처럼 지식인의 면모를 갖출 수 있도록 계속 책을 읽어 나가자고 생각했다.

단체 생활

수험 생활 내내 홀로 지냈던 내게 단체 생활은 고등학생 이후로는 좀처럼 경험해보지 못한 영역이었다. 그리고 그마저도 그저 친구들과 무리 지어 돌아다니는 정도가 전부였기 때문에 단체 생활을 통해 나를 성장시킨다는 생각은 해본 적이 없었다.

하지만 대학에 온 뒤로 여러 단체에 소속되어 활동함으로써, 나는 단체의 구성원답게 행동하고자 노력한다면 그 속에서도 각 단체의 특성에 따라 다양한 배움을 얻을 수 있다는 것을 깨달았다.

우선, 나는 토론 및 스피치 동아리를 1년간 활동하면서 발화하는 방법에 대해 배울 수 있었다. 발화는 평소 다른 사람과 대화가 잘 안되는 수준이 아니라면 간과하기 쉬운데, 제한 시간 내에 논리적인 주장을 이해하기 쉽고 논리적으로 전달한다는 것은 매우 어려운 일이다.

하지만 이런 발화 능력은 다양한 사람들을 만나는 사회에서 내가 갖는 이미지와 신뢰도에 큰 영향을 미친다. 따라서 나는 이런 발화에 대해 배우고자 동아리까지 들어갔다.

발화를 통해 상대방을 이해시키고자 한다면 발화에 일정한 규칙을 수립할 수 있어야 한다. 그러나 타인과 이성적으로 대화하고 있는 것을 전제로 하기 때문에 이러한 규칙은 원한다고 쉽게 연습할 수 있는 것이 아니다.

그런 점에서 동아리 활동을 하면서 구성원들과 함께 토론하거나 발표하고, 서로를 피드백 해주는 과정은 발화를 연습하고 고칠 수 있는 귀중한 활동이었다.

나는 청중으로서 다른 부원들의 발화를 듣거나, 반대로 그들을 청중으로 둔 채 발화하는 과정을 통해 그동안 나에게 있던 불필요한 발화 습관을 고치고 간결하게 말의 요지를 전달할 수 있게 되었다.

다음으로, 나는 학군단으로 활동해오면서 규칙적인 일과에 따라 움직이고 부족했던 체력을 보충할 수 있었다. 학군단은 기본적으로 다른 학생들이 수업을 듣기 전에 따로 안보학이나 체력 측정을 진행하기 때문에, 나는 학군단 수업이 있는 날이면 아침 일찍 학교에 등교해야 했다.

그리고 이처럼 아침 일찍 일어나기 위해서는 반드시 전날에 모든 일과를 늦기 전에 다 마치고 바로 취침에 들어야 했다. 사실 대학에 오고 한동안 나는 자기 전에 핸드폰을 하다가 늦게 자는 버릇이 있었는데, 그 버릇을 이 스케줄에 따라 생활하면서 한 번에 고칠 수 있었다.

학군단 활동을 하면 정기 체력 측정 외에도 방학에 훈련소를 가거나 학군단에서 주최하는 각종 행사에 참석해 몸을 쓰는 일이 많아, 평소 체력을 잘 길러두는 것이 필수적이었다.

학군단 활동을 시작한 뒤로 적당히 해오던 운동을 본격적으로 루틴을 만들어서 진행하기 시작했다. 그 덕에 처음에는 정기 측정을 한 번만 해도 완전히 퍼질 정도로 체력이 안 좋았는데, 나중에는 그 몇 배가 되는 운동을 하고도 멀쩡하게 공부할 수 있을 정도로 체력을 기를 수 있었다.

이러한 이점들은 단순히 학군단에서 활동할 때만 도움이 되는 것을 넘어, 평소 공부할 때도 내게 많은 도움을 주었다. 규칙적으로 지내면서 그전에 자고 있을 시간에 활동하는 것은 내게 더 많은 공부 시간을 확보해 주었고, 높아진 체력은 특히 시험기간이나 해야 할 일이 많아 밤을 새야 할 때 며칠씩 새고도 아픈 곳 없이 다음 일정을 소화할 수 있게 해주었다.

여행

수험 생활 때는 거의 매일 집에만 틀어박혀 지냈던 나는 대학생이 된 이후로 해외 여행을 일본과 하와이 두 곳으로 다녀왔다. 두 여행은 가는 목적도, 가서 겪은 경험과 감정도 다 달랐지만 모두 내게 깊은 교훈을 주는 시간이었다.

먼저 일본의 경우, 동생과 둘이서 3박 4일로 오사카를 다녀오는 일정이었다. 사실 그전에 해외여행을 이렇게 자유롭게 다녀온 적도, 일본에 방문해 본 적도 없었기에 나는 가기 전부터 상당히 들떠 있었다.

그래서 출국날짜 3주 전부터 각종 자료를 찾아보며 숙소, 티켓을 예약하고 여행 일정을 세우면서 관광지와 유명 맛집 리스트를 정리했다. 반면, 내 동생은 매우 차분했다. 그런 식으로 여기저기 돌아다닐 거 없이 본인이 관심 있는 곳 두세 군데만 가면 된다는 뜻이었다.

이처럼 여행 스타일이 정반대였던 나와 동생은 첫날부터 티격태격했다. 동생은 날도 더운데(당시 7월이긴 했다) 적당히 돌아다니자는 태도였고, 나는 더워도 실내는 시원하니 쉬기보단 여기저기 가보자는 태도였다.

게다가 동생은 어디를 가든 나와 대화하기 보다는 한국에 있을 때처럼 각자 유튜브나 인터넷을 하길 원했고, 나는 여행에 온 김에 서로 오랜만에 얘기도 좀 나누면서 시간을 보내길 원했기에 어디를 가든 충돌했다.

솔직히 2일 차 아침까지만 해도 그런 동생이 전혀 이해되지 않았다. 그럴 거면 집에서 편하게 누워 있지 뭐 하러 일본까지 오냐는 생각이었다. 하지만 그날 낮에 오사카성을 구경하고 잠시 쉴 겸 들어간 건물에서 우연히 동생이 좋아하는 애니메이션 전시장을 방문하게 되었을 때, 나는 내 생각이 짧았음을 인정할 수밖에 없었다.

그 전시장에 들어가자마자 나와 동생의 입장은 정확히 반대가 되었다. 이제는 내가 적당히 보고 호텔로 가자고 하고 있었고 동생은 계속 조금만 더 있자고 했다.

나는 그런 동생의 모습을 보면서 내 행동이 이기적이었음을 깨달았다. 막상 당하는 입장이 되니 안 그래도 힘든데 계속 여기저기 돌아다니는 동생이 원망스러울 정도였다.

그날 이후로 나는 최대한 동생의 의견을 반영해줬다. 아침과 저녁만 일정을 남겨두고 점심은 자유롭게 있었고, 힘들다 싶으면 놀러 갔다가도 금방 들어와서 쉬었다.

그러자 그런 여유로운 여행에서도 나름의 매력을 느낄 수 있었고, 무엇보다 동생과 다투지 않으니 신경이 예민하지 않아 오히려 오사카가 더 풍부하게 다가왔다.

그 기억이 너무 인상적이었던 나는 한국으로 귀국한 뒤로도 타인의 입장을 한 번 더 헤아리기 시작했다. 그리고 내 의견을 고집하는 대신 상황에 가장 적합한 의견을 따랐다.

그러자 나는 이후 대학에서 만나는 사람들에게 생각치 못한 신뢰를 받기 시작했다. 나는 일본 여행에서 느꼈던 대로 경청하고 감정기복을 줄였을 뿐이었는데, 타인으로서는 그런 모습이 이성적이라고 느껴졌던 것 같다.

결과적으로 나 역시 그런 대우를 받을수록 더 신중하게 행동하게 되었고, 이를 통해 진짜로 예전보다 한층 이성적인 사람이 될 수 있었다.

다음으로 하와이의 경우, 학군단에서 해외전사적지탐방을

목적으로 다녀온 여행이었다. 그래서 와이키키 해변 근처에 숙소를 잡고 바다나 수영장에서 놀기도 했지만, 하와이에 있는 미군 부대를 방문하고 진주만처럼 과거 전투가 벌어졌던 지역을 다니며 시간을 보냈다.

처음 하와이에 도착했을 때는 모든 게 마냥 아름다웠다. 언제 봐도 아름다운 바다, 딱 적당한 온도와 습도, 심지어 거리에 죽 늘어선 건물들까지 나를 행복하게 했다. 그리고 본격적으로 짐을 풀고 거리를 돌아다니고 바다에서 놀 때도 여기가 천국인가 싶었다.

일정 중간에 찾은 진주만의 작은 박물관에서 하나의 전시품이 내 눈에 들어왔다. 그 전시품은 제2차 세계대전 당시 진주만 공습 때 침몰한 군함의 파손된 벽 일부였다.

그 주변이 유달리 조용해서 그랬는지는 몰라도 유리 너머로 바라보는 완전히 녹슬어버린 그 두꺼운 철판을 보며 나는 공간 자체가 무겁게 짓눌리는 기분이었다.

이 전시품을 보고 난 뒤부터 천국 같던 하와이가 조금 다르게 느껴졌다. 불과 80여 년 전에 내가 바라보는 곳에서 수많은 군인들이 정박한 군함과 함께 바다로 끌려들어갔다고 생각하면 잘 놀다가도 순간 소름이 돋았다.

그래서 한국으로 돌아가는 비행기 안에서 나는 이 경험을 되짚어봤다. 나는 이 경험이 무엇보다 내 마음가짐의 변화에 따른 현상을 보여줘서 흥미로웠다. 내가 경험하는 모든 것은 그대로였다. 처음 봤을 때와 하와이는 물리적으로 달라진 게 없었다.

그 공간을 바라보는 내 마음이 달라지자 그 공간에 대한 느낌도 함께 달라졌다. 내 마음에 풀린 부정적인 감정은 빠른 속도로 내가 보고 느끼는 모든 것을 어둡게 만든 셈이었다.

나는 이런 일이 분명 일상에서도 비일비재하게 일어날 것이라고 생각했다. 그리고 혹시 내가 사실은 별거 아닌 일에 내 마음상태가 나빠서 부정적이고 날카롭게 반응하는 경우는 없었는지 살펴봤다.

보통 나와 맞지 않는 사람에게 이런 식으로 행동하면서 속으로 그들을 악인으로 취급하고 있다는 사실을 깨달을 수 있었다. 이는 명백히 상대방을 무시하는 행동이자 그와 나 사이에 불필요한 오해를 불러일으킬 수 있는 행동이었다.

하와이 여행 이후로는 스스로의 감정 관리에 더욱 신경 썼다. 누군가를 속으로 평가하는 일은 피할 수 없어도, 그 평가가 내 감정에 따라 달라지는 건 결국 나 자신의 격을 떨어뜨리고 상대방을 업신여기는 행동이는 것과 같다고 생각했기 때문이다.

집필

사실 이렇게 책을 쓰기 시작한 지는 얼마되지 않았지만, 나는 한 권의 책을 집필하는 과정에서 들이는 노력과 시간 속에서 지난 3년의 대학생활을 통틀어 이룬 것과 맞먹는 수준으로 성장했다고 느끼고 있다.

한 권의 책을 쓰기 위해서는 주제를 선정하고, 자료를 수집하고, 일정한 형식에 맞추면서도 전달하고자 하는 바를 명확히 드러낼 수 있도록 글을 써야 했다.

그리고 그 과정에서 완성된 원고를 출판사에 보낸 뒤, 다시 수정된 원고를 받고서 이를 수차례 검토한 끝에 집필을 최종적으로 마무리할 수 있었다.

사실 이러한 집필 과정은 그동안 내가 해왔던 공부와는 정반대의 경험이었다. 수험 생활 때 했던 공부와 대학교에서 해온 공부는 모두 투입 과정이었다.

외부에 어떤 지식이 있어서 나는 그걸 최대한 정확하게 흡수하기를 요구받았다. 당연히 그 과정에서 내 생각은 그리 중요하지 않았고, 대부분 홀로 공부하는 시간을 가지면 무난히 해결할 수 있었다. 반면에 집필은 산출 과정이었다.

이번에는 내 머릿속에 들어 있는 지식과 생각을 최대한 깨끗하게 정리해서 외부에 내놓을 수 있어야 했다. 그러다 보니 기존에 해왔던 공부와 다르게, 하나의 주제를 꺼내려고 해도 그 모든 과정을 내가 설계하고 진행해야 했다.

그런 과정을 혼자가 아니라 출판사라고 하는 외부 대상과 함께 이어가야 했기 때문에, 나의 편의가 아니라 정해진 계약 속에서 결과물을 만들어낼 수 있어야 했다.

그래서 나는 책 한 권 분량의 투박한 초고를 작성하기 위해 몇 주씩 밤을 새우고 글을 써야 했다. 그리고 그런 노력에도 글이 나오지 않으면 한참 스트레스에 시달리기도 했다. 하지만 그런 과정을 거치면서 나는 점차 굳어 있던 생각을 깨울 수 있었다.

마치 영어 단어와 한국어 뜻을 자유자재로 오갈 수 있는 사람이 가장 영어 회화에 능통한 것처럼, 나는 생각을 자유자재로 입력하고 출력하는 훈련을 거치면서 전보다 더 깊고 풍부하게 생각할 수 있게 되었다.

또한, 이러한 집필 과정은 내가 그전과 달리 어떤 자료를 접해도 그 부분과 전체를 자연스럽게 이어볼 수 있게 만들었다. 사실 부분과 전체에 대한 고려한다는 생각 자체를 수험 생활이 끝난 이후로는 좀처럼 해본 적이 없었다. 책을 읽든 공부를 하든 그냥 정해진 범위만 읽고 정리했지 그 전체를 바라보는 건 귀찮고 시간 낭비일 뿐이라고 생각했다.

하지만 막상 직접 책을 구상하고 써보자, 저자의 입장에서는 어떤 책을 쓰더라도 자연스럽게 부분과 전체를 함께 고려하게 된다는 것을 깨달았다. 이처럼 나는 집필을 통해 하나의 책을 가장 정확히 읽는 방법은 전체를 염두에 두고 세부 내용을 읽어가는 것임을 알게 되었다.

에필로그

길었던 3년간의 수험 생활을 마치고 대학에 와서 가장 크게 느낀 것은, 맡은 일에 최선을 다하는 사람은 그 일이 끝나도 다음 일이 이어서 온다는 점이었다.

분명 사수를 끝낼 때만 해도 이제 다시는 힘들게 공부할 일이 없을 거라고 생각했는데, 오히려 대학에 진학하니 해야 할 일이 더 늘었다.

하지만 그렇다고 해서 하루가 더 고되게 느껴지는 것은 아니었다. 3년 동안 무언가에 몰두해 본 경험은 그전처럼 다른 데 한눈파는 일 없이, 다양한 일을 능동적으로 찾고 진행하면서 성장 과정을 즐기게 했다.

그래서 나는 요즘 대학에서 경영학을 전공하고 있지만 굳이 거기에 국한되지 않으려고 노력하고 있다. 경영학이라는 학문이 흥미롭지 않아서 그런 것이 아니라, 벌써부터 하나의 길만 정해놓고 나아가기에는 너무나 새로우면서도 유익한 일이 여기저기 가득하기 때문이다.

나는 현재 경영학도이기도 하지만, 학군단에 속해 사관후보생으로서 지내고 있으며, 그동안의 경험을 모아 집필에도 도전하고 있다. 또, 앞으로도 더 많은 책을 읽어보고, 리트, 토플, 각종 자격증처럼 다시금 시험을 준비하면서 더 풍부한 경험을 쌓아가고 싶다.

앞으로를 살아가는 것이 쉬울 거라고 생각하지는 않는다. 분명 그 과정에서 지난 3년의 수험 생활과 3년의 대학생활에서 경험했던 것들 이상으로 더 힘든 일도 많이 겪을 것이다.

하지만 나는 그런 순간에도 이상적인 모습을 추구하기 보다는, 그저 내가 할 수 있는 최선을 다하고자 노력할 것이다. 그러면 그때도 결과가 어떻게 나오든 내게 성장의 기회로 다가올 테니 말이다.

제가 첫 번째 책에 만족하지 않고 두 번째 책도 쓸 수 있도록 도와주신 은사님께 이 자리를 빌려 감사의 말씀을 전합니다. 항상 부족한 저를 이끌어 주셔서 진심으로 감사합니다.

Man is nothing else
but what he makes of himself.
인간은 스스로 만들어 낸 것
그 이상도, 그 이하도 아니다.

- 장 폴 사르트르 -

성장의 N가지 조건

초판 1쇄 발행 2026년 2월 25일

지은이 김기범
펴낸이 권지현
펴낸곳 이음과펼침
책임편집 이음과펼침 편집부

출판등록 2025년 7월 21일 제2025-000129호
주소 서울시 서초구 양재동 392-3, 202B
이메일 connectnbloom@gmail.com
원고투고 connectnbloom@gmail.com
홈페이지 www.connectnbloom.com

ISBN 979-11-24329-10-8(03810)

· 가격은 뒤표지에 있습니다.

· 파본은 구입하신 서점에서 교환해 드립니다.